ROBERT 1989

THÉATRES FRANÇAIS.

CHEFS-D'OEUVRE

DRAMATIQUES

DE VOLTAIRE.

TOME QUATRIÈME.

PARIS,

CHEZ MARTIAL ARDANT FRERES, EDITEURS,
rue Hautefeuille, 14.

LIMOGES,
A LA MÊME LIBRAIRIE.

1840.

THÉATRES FRANÇAIS.

CHEFS-D'OEUVRE

DRAMATIQUES

DE VOLTAIRE.

—

TOME 4.

C.

THÉATRES FRANÇAIS.

CHEFS-D'OEUVRE

DRAMATIQUES

DE VOLTAIRE.

TOME QUATRIÈME.

PARIS,

CHEZ MARTIAL ARDANT FRERES, EDITEURS,
Rue Hautefeuille, 14.

LIMOGES,
A LA MEME LIBRAIRIE.

1840,

LA MORT DE CÉSAR,

TRAGÉDIE,

Publiée en 1735, et représentée, pour la première
fois, le 29 auguste 1743

PERSONNAGES.

JULES-CÉSAR, dictateur.
MARC-ANTOINE, consul.
JUNIUS-BRUTUS, préteur.
CASSIUS,
CIMBER,
DÉCIME, } sénateurs.
DOLABELLA,
CASCA,
LES ROMAINS.
LICTEURS.

La scène est à Rome, au Capitole.

LA MORT
DE CÉSAR,
TRAGÉDIE.

ACTE PREMIER

SCÈNE I.

CÉSAR, ANTOINE.

ANTOINE.

César, tu vas régner ; voici le jour auguste
Où le peuple romain, pour toi toujours injuste,
Changé par tes vertus, va reconnaître en toi
Son vainqueur, son appui, son vengeur, et son roi.
Antoine, tu le sais, ne connaît point l'envie :
J'ai chéri plus que toi la gloire de ta vie ;
J'ai préparé la chaîne où tu mets les Romains,
Content d'être sous toi le second des humains ;
Plus fier de t'attacher ce nouveau diadème,
Plus grand de te servir, que de régner moi-même.
Quoi ! tu ne me réponds que par de longs soupirs !
Ta grandeur fait ma joie, et fait tes déplaisirs !
Roi de Rome et du monde, est-ce à toi de te plaindre ?
César peut-il gémir, ou César peut-il craindre ?
Qui peut à ta grande ame inspirer la terreur ?

CÉSAR.

L'amitié, cher Antoine : il faut t'ouvrir mon cœur.
Tu sais que je te quitte, et le destin m'ordonne
De porter nos drapeaux aux champs de Babylone :
Je pars, et vais venger sur le Parthe inhumain
La honte de Crassus et du peuple romain.
L'aigle des légions, que je retiens encore,
Demande à s'envoler vers les mers du Bosphore ;
Et mes braves soldats n'attendent pour signal
Que de revoir mon front ceint du bandeau royal.
Peut-être avec raison César peut entreprendre
D'attaquer un pays qu'a soumis Alexandre ;
Peut-être les Gaulois, Pompée et les Romains,
Valent bien les Persans subjugués par ses mains :
J'ose au moins le penser ; et ton ami se flatte
Que le vainqueur du Rhin peut l'être de l'Euphrate.
Mais cet espoir m'anime et ne m'aveugle pas :
Le sort peut se lasser de marcher sur mes pas ;
La plus haute sagesse en est souvent trompée ;
Il peut quitter César, ayant trahi Pompée ;
Et dans les factions, comme dans les combats,
Du triomphe à la chute il n'est souvent qu'un pas.
J'ai servi, commandé, vaincu quarante années ;
Du monde entre mes mains j'ai vu les destinées,
Et j'ai toujours connu qu'en chaque évènement
Le destin des états dépendait d'un moment.
Quoi qu'il puisse arriver, mon cœur n'a rien à craindre
Je vaincrai sans orgueil, ou mourrai sans me plaindre.
Mais j'exige en partant de ta tendre amitié
Qu'Antoine à mes enfants soit pour jamais lié ;
Que Rome par mes mains défendue et conquise,
Que la terre à mes fils, comme à toi, soit soumise ;

Et qu'emportant d'ici le grand titre de roi ,
Mon sang et mon ami le prennent après moi.
Je te laisse aujourd'hui ma volonté dernière ;
Antoine , à mes enfants il faut servir de père.
Je ne veux point de toi demander des serments,
De la foi des humains sacrés et vains garants ;
Ta promesse suffit , et je la crois plus pure
Que les autels des dieux, entourés du parjure.

ANTOINE.

C'est déja pour Antoine une assez dure loi
Que tu cherches la guerre et le trépas sans moi,
Et que ton intérêt m'attache à l'Italie,
Quand la gloire t'appelle aux bornes de l'Asie ;
Je m'afflige encor plus de voir que ton grand cœur
Doute de sa fortune, et présage un malheur :
Mais je ne comprends point ta bonté qui m'outrage.
César, que me dis-tu de tes fils, de partage ?
Tu n'as de fils qu'Octave, et nulle adoption
N'a d'un autre César appuyé ta maison.

CÉSAR.

Il n'est plus temps, ami, de cacher l'amertume
Dont mon cœur paternel en secret se consume :
Octave n'est mon sang qu'à la faveur des lois ;
Je l'ai nommé César, il est fils de mon choix :
Le destin (dois-je dire, ou propice, ou sévère ?)
D'un véritable fils en effet m'a fait père ;
D'un fils que je chéris, mais qui, pour mon malheur,
A ma tendre amitié répond avec horreur.

ANTOINE.

Et quel est cet enfant ? quel ingrat peut-il être
Si peu digne du sang dont les dieux l'ont fait naître ?

1.

CÉSAR.

Écoute : tu connais ce malheureux Brutus,
Dont Caton cultiva les farouches vertus ;
De nos antiques lois ce défenseur austère ;
Ce rigide ennemi du pouvoir arbitraire,
Qui, toujours contre moi les armes à la main,
De tous nos ennemis a suivi le destin,
Qui fut mon prisonnier au champ de Thessalie,
A qui j'ai malgré lui sauvé deux fois la vie,
Né, nourri loin de moi chez mes fiers ennemis....

ANTOINE.

Brutus ! il se pourrait....

CÉSAR.

Ne m'en crois pas, tiens, lis.

ANTOINE.

Dieux ! la sœur de Caton, la fière Servilie !

CÉSAR.

Par un hymen secret elle me fut unie.
Ce farouche Caton, dans nos premiers débats,
La fit presque à mes yeux passer en d'autres bras :
Mais le jour qui forma ce second hyménée
De son nouvel époux trancha la destinée.
Sous le nom de Brutus mon fils fut élevé :
Pour me haïr, ô ciel ! était-il réservé ?
Mais lis ; tu sauras tout par cet écrit funeste.

ANTOINE lit.

« César, je vais mourir. La colère céleste
« Va finir à la fois ma vie et mon amour.
« Souviens-toi qu'à Brutus César donna le jour.
« Adieu : puisse ce fils éprouver pour son père
« L'amitié qu'en mourant te conservait sa mère !

« SERVILIE. »

Quoi! faut-il que du sort la tyrannique loi,
César, te donne un fils si peu semblable à toi?

CÉSAR.

Il a d'autres vertus; son superbe courage
Flatte en secret le mien, même alors qu'il l'outrage;
Il m'irrite, il me plaît; son cœur indépendant
Sur mes sens étonnés prend un fier ascendant.
Sa fermeté m'impose, et je l'excuse même
De condamner en moi l'autorité suprême :
Soit qu'étant homme et père, un charme séducteur
L'excusant à mes yeux, me trompe en sa faveur;
Soit qu'étant né Romain, la voix de ma patrie
Me parle, malgré moi, contre ma tyrannie,
Et que la liberté, que je viens d'opprimer,
Plus forte encor que moi, me condamne à l'aimer.
Te dirai-je encor plus? si Brutus me doit l'être,
S'il est fils de César, il doit haïr un maître :
J'ai pensé comme lui dès mes plus jeunes ans;
J'ai détesté Sylla, j'ai haï les tyrans.
J'eusse été citoyen, si l'orgueilleux Pompée
N'eût voulu m'opprimer sous sa gloire usurpée.
Né fier, ambitieux, mais né pour les vertus,
Si je n'étais César, j'aurais été Brutus.

Tout homme à son état doit plier son courage
Brutus tiendra bientôt un différent langage,
Quand il aura connu de quel sang il est né.
Crois-moi, le diadème à son front destiné
Adoucira dans lui sa rudesse importune;
Il changera de mœurs en changeant de fortune.
La nature, le sang, mes bienfaits, tes avis,
Le devoir, l'intérêt, tout me rendra mon fils.

ANTOINE.

J'en doute. Je connais sa fermeté farouche :
La secte dont il est n'admet rien qui la touche ;
Cette secte intraitable, et qui fait vanité
D'endurcir les esprits contre l'humanité,
Qui dompte et foule aux pieds la nature irritée,
Parle seule à Brutus, et seule est écoutée.
Ces préjugés affreux, qu'ils appellent devoir,
Ont sur ces cœurs de bronze un absolu pouvoir.
Caton même, Caton, ce malheureux stoïque,
Ce héros forcené, la victime d'Utique,
Qui, fuyant un pardon qui l'eût humilié,
Préféra la mort même à ta tendre amitié ;
Caton fut moins altier, moins dur, et moins à craindre
Que l'ingrat qu'à t'aimer ta bonté veut contraindre.

CÉSAR.

Cher ami, de quels coups tu viens de me frapper !
Que m'as-tu dit ?

ANTOINE.

Je t'aime, et ne te puis tromper.

CÉSAR.

Le temps amollit tout.

ANTOINE.

Mon cœur en désespère.

CÉSAR.

Quoi ! sa haine...!

ANTOINE.

Crois-moi.

CÉSAR.

N'importe, je suis père.

J'ai chéri, j'ai sauvé mes plus grands ennemis :
Je veux me faire aimer de Rome et de mon fils ;

Et, conquérant des cœurs vaincus par ma clémence,
Voir la terre et Brutus adorer ma puissance.
C'est à toi de m'aider dans de si grands desseins :
Tu m'as prêté ton bras pour domter les humains,
Domte aujourd'hui Brutus ; adoucis son courage ;
Prépare par degrés cette vertu sauvage
Au secret important qu'il lui faut révéler,
Et dont mon cœur encore hésite à lui parler.

ANTOINE.

Je ferai tout pour toi ; mais j'ai peu d'espérance.

SCÈNE II.

CÉSAR, ANTOINE, DOLABELLA.

DOLABELLA.

César, les sénateurs attendent audience ;
A ton ordre suprême ils se rendent ici.

CÉSAR.

Ils ont tardé long-temps.... Qu'ils entrent.

ANTOINE.

Les voici.

Que je lis sur leur front de dépit et de haine !

SCÈNE III.

CÉSAR, ANTOINE, BRUTUS, CASSIUS, CIMBER,
DÉCIME, CINNA, CASCA, etc. LICTEURS.

CÉSAR, *assis.*

VENEZ, dignes soutiens de la grandeur romaine,
Compagnons de César. Approchez, Cassius,
Cimber, Cinna, Décime, et toi, mon cher Brutus.
Enfin voici le temps, si le ciel me seconde,
Où je vais achever la conquête du monde,

Et voir dans l'Orient le trône de Cyrus
Satisfaire, en tombant, aux mânes de Crassus.
Il est temps d'ajouter par le droit de la guerre
Ce qui manque aux Romains des trois parts de la
Tout est prêt, tout prévu pour ce vaste dessein ;
L'Euphrate attend César, et je pars dès demain.
Brutus et Cassius me suivront en Asie ;
Antoine retiendra la Gaule et l'Italie ;
De la mer Atlantique, et des bords du Bétis,
Cimber gouvernera les rois assujettis.
Je donne à Marcellus la Grèce et la Lycie,
A Décime le Pont, à Casca la Syrie.
Ayant ainsi réglé le sort des nations,
Et laissant Rome heureuse et sans divisions,
Il ne reste au sénat qu'à juger sous quel titre
De Rome et des humains je dois être l'arbitre.
Sylla fut honoré du nom de dictateur,
Marius fut consul, et Pompée empereur.
J'ai vaincu ce dernier, et c'est assez vous dire
Qu'il faut un nouveau nom pour un nouvel empi:
Un nom plus grand, plus saint, moins sujet aux r
Autrefois craint dans Rome, et cher à l'univers.
Un bruit trop confirmé se répand sur la terre
Qu'en vain Rome aux Persans ose faire la guerre ;
Qu'un roi seul peut les vaincre et leur donner la l
César va l'entreprendre, et César n'est pas roi ;
Il n'est qu'un citoyen connu par ses services,
Qui peut du peuple encore essuyer les caprices....
Romains, vous m'entendez, vous savez mon espoi
Songez à mes bienfaits, songez à mon pouvoir.

CIMBER.

César, il faut parler. Ces sceptres, ces couronnes,

Ce fruit de nos travaux, l'univers que tu donnes,
Seraient aux yeux du peuple, et du sénat jaloux,
Un outrage à l'état, plus qu'un bienfait pour nous.
Marius, ni Sylla, ni Carbon, ni Pompée,
Dans leur autorité sur le peuple usurpée,
N'ont jamais prétendu disposer à leur choix
Des conquêtes de Rome, et nous parler en rois.
César, nous attendions de ta clémence auguste
Un don plus précieux, une faveur plus juste,
Au-dessus des états donnés par ta bonté....

CÉSAR.

Qu'oses-tu demander, Cimber ?

CIMBER.

La liberté.

CASSIUS.

Tu nous l'avais promise, et tu juras toi-même
D'abolir pour jamais l'autorité suprême ;
Et je croyais toucher à ce moment heureux
Où le vainqueur du monde allait combler nos vœux :
Fumante de son sang, captive, désolée,
Rome dans cet espoir renaissait consolée.
Avant que d'être à toi nous sommes ses enfants :
Je songe à ton pouvoir ; mais songe à tes serments.

BRUTUS.

Oui, que César soit grand ; mais que Rome soit libre.
Dieu ! maîtresse de l'Inde, esclave au bord du Tibre !
Qu'importe que son nom commande à l'univers,
Et qu'on l'appelle reine, alors qu'elle est aux fers ?
Qu'importe à ma patrie, aux Romains que tu braves,
D'apprendre que César a de nouveaux esclaves ?
Les Persans ne sont pas nos plus fiers ennemis ;
Il en est de plus grands. Je n'ai point d'autre avis.

CÉSAR.

Et toi, Brutus, aussi !

ANTOINE, à César.

Tu connais leur audace ;
Vois si ces cœurs ingrats sont dignes de leur grâce.

CÉSAR.

Ainsi vous voulez donc, dans vos témérités,
Tenter ma patience et lasser mes bontés,
Vous, qui m'appartenez par le droit de l'épée,
Rampants sous Marius, esclaves sous Pompée ;
Vous, qui ne respirez qu'autant que mon courroux,
Retenu trop long-temps, s'est arrêté sur vous :
Républicains ingrats, qu'enhardit ma clémence,
Vous, qui devant Sylla garderiez le silence ;
Vous, que ma bonté seule invite à m'outrager,
Sans craindre que César s'abaisse à se venger.
Voilà ce qui vous donne une ame assez hardie
Pour oser me parler de Rome et de patrie,
Pour affecter ici cette illustre hauteur
Et ces grands sentiments devant votre vainqueur ;
Il les fallait avoir aux plaines de Pharsale.
La fortune entre nous devient trop inégale ;
Si vous n'avez su vaincre, apprenez à servir.

BRUTUS.

César, aucun de nous n'apprendra qu'à mourir.
Nul ne m'en désavoue, et nul, en Thessalie,
N'abaissa son courage à demander la vie.
Tu nous laissas le jour, mais pour nous avilir ;
Et nous le détestons, s'il te faut obéir.
César, qu'à ta colère aucun de nous n'échappe ;
Commence ici par moi : si tu veux régner, frappe ;

CÉSAR.

(Les sénateurs sortent.)

Ecoute.... et vous, sortez. Brutus m'ose offenser !
Mais sais-tu de quels traits tu viens de me percer ?
Va, César est bien loin d'en vouloir à ta vie :
Laisse là du sénat l'indiscrète furie ;
Demeure, c'est toi seul qui peux me désarmer ;
Demeure, c'est toi seul que César veut aimer.

BRUTUS.

Tout mon sang est à toi, si tu tiens ta promesse ;
Si tu n'es qu'un tyran, j'abhorre ta tendresse ;
Et je ne peux rester avec Antoine et toi,
Puisqu'il n'est plus Romain, et qu'il demande un roi.

SCÈNE IV.

CÉSAR, ANTOINE.

ANTOINE.

En bien ! t'ai-je trompé ? Crois-tu que la nature
Puisse amollir une ame et si fière et si dure ?
Laisse, laisse à jamais dans son obscurité
Ce secret malheureux qui pèse à ta bonté.
Que de Rome, s'il veut, il déplore la chute,
Mais qu'il ignore au moins quel sang il persécute.
Il ne mérite pas de te devoir le jour :
Ingrat à tes bontés, ingrat à ton amour,
Renonce-le pour fils.

CÉSAR.

Je ne le puis ; je l'aime.

ANTOINE.

Ah ! cesse donc d'aimer l'éclat du diadème.

Descends donc de ce rang où je te vois monté :
La bonté convient mal à ton autorité ;
De ta grandeur naissante elle détruit l'ouvrage.
Quoi ! Rome est sous tes lois, et Cassius t'outrage !
Quoi, Cimber, quoi, Cinna, ces obscurs sénateurs,
Aux yeux du roi du monde affectent ces hauteurs !
Ils bravent ta puissance, et ces vaincus respirent !

CÉSAR.

Ils sont nés mes égaux ; mes armes les vainquirent ;
Et, trop au-dessus d'eux, je leur puis pardonner
De frémir sous le joug que je veux leur donner.

ANTOINE.

Marius de leur sang eût été moins avare ;
Sylla les eût punis.

CÉSAR.

Sylla fut un barbare ;
Il n'a su qu'opprimer ; le meurtre et la fureur
Faisaient sa politique ainsi que sa grandeur :
Il a gouverné Rome au milieu des supplices ;
Il en était l'effroi ; j'en serai les délices.
Je sais quel est le peuple ; on le change en un jour ;
Il prodigue aisément sa haine et son amour ;
Si ma grandeur l'aigrit, ma clémence l'attire :
Un pardon politique à qui ne peut me nuire,
Dans mes chaînes qu'il porte un air de liberté,
Ont ramené vers moi sa faible volonté.
Il faut couvrir de fleurs l'abîme où je l'entraîne,
Flatter encor ce tigre à l'instant qu'on l'enchaîne,
Lui plaire en l'accablant, l'asservir, le charmer,
Et punir mes rivaux en me faisant aimer.

ANTOINE.

Il faudrait être craint ; c'est ainsi que l'on règne

CÉSAR.

Va, ce n'est qu'aux combats que je veux qu'on me craigne;

ANTOINE.

Le peuple abusera de ta facilité.

CÉSAR.

Le peuple a jusqu'ici consacré ma bonté :
Vois ce temple que Rome élève à la clémence.

ANTOINE.

Crains qu'elle n'en élève un autre à la vengeance;
Crains des cœurs ulcérés, nourris de désespoir,
Idolâtres de Rome, et cruels par devoir.
Cassius alarmé prévoit qu'en ce jour même
Ma main doit sur ton front mettre le diadème :
Déja même à tes yeux on ose en murmurer.
Des plus impétueux tu devrais t'assurer;
A prévenir leurs coups daigne au moins te contraindre.

CÉSAR.

Je les aurais punis, si je les pouvais craindre.
Ne me conseille point de me faire haïr.
Je sais combattre, vaincre, et ne sais point punir.
Allons; et, n'écoutant ni soupçon ni vengeance,
Sur l'univers soumis régnons sans violence

FIN DU PREMIER ACTE.

ACTE SECOND.

SCÈNE I

BRUTUS, ANTOINE, DOLABELLA.

ANTOINE.

Ce superbe refus, cette animosité,
Marquent moins de vertu que de férocité.
Les bontés de César, et surtout sa puissance,
Méritaient plus d'égards et plus de complaisance :
A lui parler du moins vous pourriez consentir.
Vous ne connaissez pas qui vous osez haïr ;
Et vous en frémiriez si vous pouviez apprendre.

BRUTUS.

Ah, je frémis déja ! mais c'est de vous entendre.
Ennemi des Romains, que vous avez vendus,
Pensez-vous ou tromper, ou corrompre Brutus ?
Allez ramper sans moi sous la main qui vous brave :
Je sais tous vos desseins, vous brûlez d'être esclave,
Vous voulez un monarque, et vous êtes Romain !

ANTOINE.

Je suis ami, Brutus, et porte un cœur humain :
Je ne recherche point une vertu plus rare.
Tu veux être un héros, va, tu n'es qu'un barbare ;
Et ton farouche orgueil, que rien ne peut fléchir,
Embrasse la vertu pour la faire haïr.

SCÈNE II.

BRUTUS.

QUELLE bassesse, ô ciel! et quelle ignominie!
Voilà donc les soutiens de ma triste patrie!
Voilà vos successeurs, Horace, Décius,
Et toi, vengeur des lois, toi, mon sang, toi, Brutus!
Quels restes, justes dieux! de la grandeur romaine!
Chacun baise en tremblant la main qui nous enchaîne.
César nous a ravi jusques à nos vertus,
Et je cherche ici Rome, et ne la trouve plus.
Vous que j'ai vu périr, vous, immortels courages!
Héros dont en pleurant j'aperçois les images
Famille de Pompée, et toi, divin Caton,
Toi, dernier des héros du sang de Scipion,
Vous ranimez en moi ces vives étincelles
Des vertus dont brillaient vos ames immortelles.
Vous vivez dans Brutus; vous mettez dans mon sein
Tout l'honneur qu'un tyran ravit au nom romain.
Que vois-je, grand Pompée, au pied de ta statue?
Quel billet sous mon nom se présente à ma vue?
Lisons : *Tu dors, Brutus, et Rome est dans les fers!*
Rome, mes yeux sur toi seront toujours ouverts;
Ne me reproche point des chaînes que j'abhorre.
Mais quel autre billet à mes yeux s'offre encore?
Non, tu n'es pas Brutus! Ah! reproche cruel!
César! tremble, tyran! voilà ton coup mortel.
Non, tu n'es pas Brutus! Je le suis, je veux l'être;
Je périrai, Romains, ou vous serez sans maître;
Je vois que Rome encore a des cœurs vertueux:
On demande un vengeur; on a sur moi les yeux;

On excite cette ame, et cette main trop lente ;
On demande du sang.... Rome sera contente.

SCÈNE III.

BRUTUS, CASSIUS, CINNA, CASCA, DÉCI
SUITE.

CASSIUS.

Je t'embrasse, Brutus, pour la dernière fois.
Amis, il faut tomber sous les débris des lois.
De César désormais je n'attends plus de grâce :
Il sait mes sentiments, il connaît notre audace.
Notre ame incorruptible étonne ses desseins ;
Il va perdre dans nous les derniers des Romains.
C'en est fait, mes amis, il n'est plus de patrie,
Plus d'honneur, plus de lois ; Rome est anéantie ;
De l'univers et d'elle il triomphe aujourd'hui :
Nos imprudents aïeux n'ont vaincu que pour lui ;
Ces dépouilles des rois, ce sceptre de la terre,
Six cents ans de vertus, de travaux et de guerre,
César jouit de tout, et dévore le fruit
Que six siècles de gloire à peine avaient produit.
Ah ! Brutus, es-tu né pour servir sous un maître ?
La liberté n'est plus.

BRUTUS.

Elle est prête à renaître.

CASSIUS.

Que dis-tu ? Mais quel bruit vient frapper mes esprits

BRUTUS.

Laisse là ce vil peuple et ses indignes cris.

CASSIUS.

La liberté, dis-tu.... Mais, quoi !.... le bruit redoubl

SCÈNE IV.

BRUTUS, CASSIUS, CIMBER, DÉCIME.

CASSIUS.

Ah, Cimber! est-ce toi? parle, quel est ce trouble?

DÉCIME.

Trame-t-on contre Rome un nouvel attentat?
Qu'a-t-on fait? qu'as-tu vu?

CIMBER.

La honte de l'état;
César était au temple, et cette fière idole
Semblait être le dieu qui tonne au capitole :
C'est là qu'il annonçait son superbe dessein
D'aller joindre la Perse à l'empire romain ;
On lui donnait les noms de foudre de la guerre ;
De vengeur des Romains, de vainqueur de la terre :
Mais, parmi tant d'éclat, son orgueil imprudent
Voulait un autre titre, et n'était pas content.
Enfin, parmi ces cris et ces chants d'allégresse,
Du peuple qui l'entoure Antoine fend la presse ;
Il entre : ô honte! ô crime indigne d'un Romain !
Il entre, la couronne et le sceptre à la main.
On se tait, on frémit : lui, sans que rien l'étonne,
Sur le front de César attache la couronne,
Et soudain devant lui se mettant à genoux :
César, règne, dit-il, sur la terre et sur nous.
Des Romains à ces mots les visages pâlissent ;
De leurs cris douloureux les voûtes retentissent :
J'ai vu des citoyens s'enfuir avec horreur ;
D'autres rougir de honte et pleurer de douleur.

César, qui cependant lisait sur leur visage
De l'indignation l'éclatant témoignage,
Feignant des sentiments long-temps étudiés,
Jette et sceptre et couronne, et les foule à ses pieds.
Alors tout se croit libre; alors tout est en proie
Au fol enivrement d'une indiscrète joie :
Antoine est alarmé; César feint et rougit :
Plus il cèle son trouble, et plus on l'applaudit.
La modération sert de voile à son crime;
Il affecte à regret un refus magnanime :
Mais, malgré ses efforts, il frémissait tout bas
Qu'on applaudit en lui les vertus qu'il n'a pas.
Enfin, ne pouvant plus retenir sa colère,
Il sort du capitole avec un front sévère;
Il veut que dans une heure on s'assemble au sénat :
Dans une heure, Brutus, César change l'état.
De ce sénat sacré la moitié corrompue,
Ayant acheté Rome, à César l'a vendue :
Plus lâche que ce peuple à qui, dans son malheur,
Le nom de roi du moins fait toujours quelque horreur.
César, déja trop roi, veut encor la couronne :
Le peuple la refuse, et le sénat la donne.
Que faut-il faire enfin, héros qui m'écoutez?

CASSIUS.

Mourir, finir des jours dans l'opprobre comptés.
J'ai traîné les liens de mon indigne vie,
Tant qu'un peu d'espérance a flatté ma patrie :
Voici son dernier jour, et du moins Cassius
Ne doit plus respirer lorsque l'état n'est plus.
Pleure qui voudra Rome, et lui reste fidèle;
Je ne peux la venger, mais j'expire avec elle.
Je vais où sont nos dieux.... Pompée et Scipion

ACTE II, SCÈNE IV.

(en regardant leurs statues.)

Il est temps de vous suivre, et d'imiter Caton.

BRUTUS.

Non, n'imitons personne, et servons tous d'exemple :
C'est nous, braves amis, que l'univers contemple ;
C'est à nous de répondre à l'admiration
Que Rome en expirant conserve à notre nom.
Si Caton m'avait cru, plus juste en sa furie,
Sur César expirant il eût perdu la vie ;
Mais il tourna sur soi ses innocentes mains ;
Sa mort fut inutile au bonheur des humains ;
Faisant tout pour la gloire, il ne fit rien pour Rome ;
Et c'est la seule faute où tomba ce grand homme.

CASSIUS.

Que veux-tu donc qu'on fasse en un tel désespoir ?

BRUTUS, *montrant le billet.*

Voilà ce qu'on m'écrit ; voilà notre devoir.

CASSIUS.

On m'en écrit autant : j'ai reçu ce reproche.

BRUTUS.

C'est trop le mériter.

CIMBER.

L'heure fatale approche ;
Dans une heure, un tyran détruit le nom romain.

BRUTUS.

Dans une heure, à César il faut percer le sein.

CASSIUS.

Ah ! je te reconnais à cette noble audace.

DÉCIME.

Ennemi des tyrans, et digne de ta race,
Voilà les sentiments que j'avais dans mon cœur

LA MORT DE CÉSAR.

CASSIUS.

Tu me rends à moi-même, et je t'en dois l'honneur ;
C'est là ce qu'attendaient ma haine et ma colère
De la mâle vertu qui fait ton caractère :
C'est Rome qui t'inspire en des desseins si grands ;
Ton nom seul est l'arrêt de la mort des tyrans.
Lavons, mon cher Brutus , l'opprobre de la terre ;
Vengeons ce capitole, au défaut du tonnerre.
Toi, Cimber ; toi, Cinna ; vous, Romains indomtés,
Avez-vous une autre ame et d'autres volontés ?

CIMBER.

Nous pensons comme toi, nous méprisons la vie ;
Nous détestons César, nous aimons la patrie ;
Nous la vengerons tous ; Brutus et Cassius
De quiconque est Romain raniment les vertus.

DÉCIME.

Nés juges de l'état, nés les vengeurs du crime,
C'est souffrir trop long-temps la main qui nous opprime ;
Et quand sur un tyran nous suspendons nos coups,
Chaque instant qu'il respire est un crime pour nous.

CIMBER.

Admettons-nous quelque autre à ces honneurs suprêmes ?

BRUTUS.

Pour venger la patrie, il suffit de nous-mêmes.
Dolabella, Lépide, Émile, Bibulus,
Ou tremblent sous César, ou bien lui sont vendus
Cicéron, qui d'un traître a puni l'insolence,
Ne sert la liberté que par son éloquence,
Hardi dans le sénat, faible dans le danger,
Fait pour haranguer Rome, et non pour la venger ;
Laissons à l'orateur qui charme sa patrie
Le soin de nous louer quand nous l'aurons servie,

Non, ce n'est qu'avec vous que je veux partager
Cet immortel honneur et ce pressant danger.
Dans une heure, au sénat le tyran doit se rendre :
Là, je le punirai ; là, je le veux surprendre ;
Là, je veux que ce fer, enfoncé dans son sein,
Venge Caton, Pompée, et le peuple romain.
C'est hasarder beaucoup : ses ardents satellites
Partout du capitole occupent les limites :
Ce peuple mou, volage, et facile à fléchir,
Ne sait s'il doit encor l'aimer ou le hair.
Notre mort, mes amis, paraît inévitable ;
Mais qu'une telle mort est noble et désirable !
Qu'il est beau de périr dans des desseins si grands,
De voir couler son sang dans le sang des tyrans !
Qu'avec plaisir alors on voit sa dernière heure !
Mourons, braves amis, pourvu que César meure,
Et que la liberté, qu'oppriment ses forfaits,
Renaisse de sa cendre, et revive à jamais.

CASSIUS.

Ne balançons donc plus, courons au capitole :
C'est là qu'il nous opprime, et qu'il faut qu'on l'immole.
Ne craignons rien du peuple, il semble encor douter ;
Mais si l'idole tombe, il va la détester.

BRUTUS.

Jurez donc avec moi, jurez sur cette épée,
Par le sang de Caton, par celui de Pompée,
Par les mânes sacrés de tous ces vrais Romains
Qui dans les champs d'Afrique ont fini leurs destins,
Jurez par tous les dieux vengeurs de la patrie,
Que César sous vos coups va terminer sa vie.

CASSIUS.

Faisons plus, mes amis ; jurons d'exterminer

Quiconque ainsi que lui prétendra gouverner;
Fussent nos propres fils, nos frères, ou nos pères,
S'ils sont tyrans, Brutus, ils sont nos adversaires :
Un vrai républicain n'a pour père et pour fils
Que la vertu, les dieux, les lois, et son pays.

BRUTUS.

Oui, j'unis pour jamais mon sang avec le vôtre;
Tous dès ce moment même adoptés l'un par l'autre,
Le salut de l'état nous a rendus parents :
Scellons notre union du sang de nos tyrans.

(Il s'avance vers la statue de Pompée.)

Nous le jurons par vous, héros dont les images
A ce pressant devoir excitent nos courages;
Nous promettons, Pompée, à tes sacrés genoux,
De faire tout pour Rome, et jamais rien pour nous;
D'être unis pour l'état, qui dans nous se rassemble,
De vivre, de combattre et de mourir ensemble.
Allons, préparons-nous : c'est trop nous arrêter.

SCÈNE V.

CÉSAR, BRUTUS.

CÉSAR.

DEMEURE. C'est ici que tu dois m'écouter;
Où vas-tu, malheureux?

BRUTUS.

Loin de la tyrannie.

CÉSAR.

Licteurs, qu'on le retienne.

BRUTUS.

Achève, et prends ma vie.

CÉSAR.

Brutus, si ma colère en voulait à tes jours,
Je n'aurais qu'à parler, j'aurais fini leur cours;
Tu l'as trop mérité : ta fière ingratitude
Se fait de m'offenser une farouche étude :
Je te retrouve encore avec ceux des Romains
Dont j'ai plus soupçonné les perfides desseins;
Avec ceux qui tantôt ont osé me déplaire,
Ont blâmé ma conduite, ont bravé ma colère.

BRUTUS.

Ils parlaient en Romains, César, et leurs avis,
Si les dieux t'inspiraient, seraient encor suivis.

CÉSAR.

Je souffre ton audace, et consens à t'entendre;
De mon rang avec toi je me plais à descendre :
Que me reproches-tu ?

BRUTUS.

                . Le monde ravagé,
Le sang des nations, ton pays saccagé;
Ton pouvoir, tes vertus, qui font tes injustices,
Qui de tes attentats sont en toi les complices;
Ta funeste bonté, qui fait aimer tes fers,
Et qui n'est qu'un appât pour tromper l'univers

CÉSAR.

Ah! c'est ce qu'il fallait reprocher à Pompée;
Par sa feinte vertu la tienne fut trompée :
Ce citoyen superbe, à Rome plus fatal,
N'a pas même voulu César pour son égal.
Crois-tu, s'il m'eût vaincu, que cette âme hautaine
Eût laissé respirer la liberté romaine ?
Sous un joug despotique il t'aurait accablé.
Qu'eût fait Brutus alors ?

2.

BRUTUS.

Brutus l'eût immolé.

CÉSAR.

Voilà donc ce qu'enfin ton grand cœur me destine ?
Tu ne t'en défends point. Tu vis pour ma ruine,
Brutus !

BRUTUS.

Si tu le crois, préviens donc ma fureur
Qui peut te retenir ?

CÉSAR, *lui présentant la lettre de Servilie.*

La nature, et mon cœur.
Lis, ingrat, lis ; connais le sang que tu m'opposes ;
Vois qui tu peux haïr ; et poursuis, si tu l'oses.

BRUTUS.

Où suis-je ? Qu'ai-je lu ? me trompez-vous, mes yeux

CÉSAR.

Eh bien, Brutus, mon fils !

BRUTUS.

Lui, mon père ! grands dieux

CÉSAR.

Oui, je le suis, ingrat ! Quel silence farouche !
Que dis-je ? quels sanglots échappent de ta bouche !
Mon fils.... Quoi, je te tiens muet entre mes bras !
La nature t'étonne, et ne t'attendrit pas !

BRUTUS.

O sort épouvantable, et qui me désespère !
O serments ! ô patrie ! ô Rome toujours chère !
César !... Ah, malheureux ! j'ai trop long-temps vécu

CÉSAR.

Parle. Quoi ! d'un remords ton cœur est combattu !
Ne me déguise rien. Tu gardes le silence !
Tu crains d'être mon fils ; ce nom sacré t'offense

Tu crains de me chérir, de partager mon rang ;
C'est un malheur pour toi d'être né de mon sang !
Ah ! ce sceptre du monde, et ce pouvoir suprême,
Ce César, que tu hais, les voulait pour toi-même :
Je voulais partager avec Octave et toi
Le prix de cent combats, et ce titre de roi.

BRUTUS.

Ah, dieux !

CÉSAR.

Tu veux parler, et te retiens à peine !
Ces transports sont-ils donc de tendresse ou de haine ?
Quel est donc le secret qui semble t'accabler ?

BRUTUS.

César....

CÉSAR.

Eh bien ! mon fils ?

BRUTUS.

Je ne puis lui parler.

CÉSAR.

Tu n'oses me nommer du tendre nom de père ?

BRUTUS.

Si tu l'es, je te fais une unique prière.

CÉSAR.

Parle : en te l'accordant je croirai tout gagner.

BRUTUS.

Fais-moi mourir sur l'heure, ou cesse de régner.

CÉSAR.

Ah ! barbare ennemi, tigre que je caresse !
Ah ! cœur dénaturé qu'endurcit ma tendresse !
Va, tu n'es plus mon fils ; va, cruel citoyen,
Mon cœur désespéré prend l'exemple du tien :

Ce cœur, à qui tu fais cette effroyable injure,
Saura bien comme toi vaincre enfin la nature.
Va, César n'est pas fait pour te prier en vain ;
J'apprendrai de Brutus à cesser d'être humain :
Je ne te connais plus. Libre dans ma puissance,
Je n'écouterai plus une injuste clémence.
Tranquille, à mon courroux je vais m'abandonner.
Mon cœur trop indulgent est las de pardonner.
J'imiterai Sylla, mais dans ses violences :
Vous tremblerez, ingrats, au bruit de mes vengeances.
Va, cruel, va trouver tes indignes amis :
Tous m'ont osé déplaire, ils seront tous punis.
On sait ce que je puis, on verra ce que j'ose :
Je deviendrai barbare ; et toi seul en es cause.

BRUTUS.

Ah ! ne le quittons point dans ses cruels desseins :
Et sauvons, s'il se peut, César et les Romains.

FIN DU SECOND ACTE.

ACTE TROISIÈME

SCÈNE I.

CASSIUS, CIMBER, DÉCIME, CINNA, CASCA,
LES CONJURÉS.

CASSIUS.

Enfin donc l'heure approche où Rome va renaître ;
La maîtresse du monde est aujourd'hui sans maître :
L'honneur en est à vous, Cimber, Casca, Probus,
Décime. Encore une heure, et le tyran n'est plus.
Ce que n'ont pu Caton, et Pompée, et l'Asie,
Nous seuls l'exécutons ; nous vengeons la patrie :
Et je veux qu'en ce jour on dise à l'univers :
Mortels, respectez Rome, elle n'est plus aux fers

CIMBER.

Tu vois tous nos amis ; ils sont prêts à te suivre,
A frapper, à mourir, à vivre s'il faut vivre ;
A servir le sénat, dans l'un ou l'autre sort
En donnant à César, ou recevant la mort.

DÉCIME.

Mais d'où vient que Brutus ne paraît point encore
Lui, ce fier ennemi du tyran qu'il abhorre ;
Lui, qui prit nos serments, qui nous rassembla tous ;
Lui, qui doit sur César porter les premiers coups ?
Le gendre de Caton tarde bien à paraître :
Serait-il arrêté ? César peut-il connaître....?
Mais le voici. Grands dieux ! qu'il paraît abattu !

SCÈNE II.

CASSIUS, BRUTUS, CIMBER, CASCA, DÉCI
LES CONJURÉS.

CASSIUS.

Brutus, quelle infortune accable ta vertu ?
Le tyran sait-il tout ? Rome est-elle trahie ?

BRUTUS.

Non, César ne sait point qu'on va trancher sa vie ;
Il se confie à vous.

DÉCIME.

Qui peut donc te troubler ?

BRUTUS.

Un malheur, un secret, qui vous fera trembler.

CASSIUS.

De nous ou du tyran c'est la mort qui s'apprête :
Nous pouvons tous périr ; mais trembler, nous !

BRUTUS.

Arrê

Je vais t'épouvanter par ce secret affreux.
Je dois sa mort à Rome, à vous, à nos neveux,
Au bonheur des mortels ; et j'avais choisi l'heure,
Le lieu, le bras, l'instant où Rome veut qu'il meure ;
L'honneur du premier coup à mes mains est remis ;
Tout est prêt : apprenez que Brutus est son fils.

CIMBER.

Toi, son fils !

CASSIUS.

De César !

DÉCIME.

O Rome !

BRUTUS.

Servilie,
Par un hymen secret, à César fut unie ;
Je suis de cet hymen le fruit infortuné.

CIMBER.

Brutus, fils d'un tyran !

CASSIUS.

Non, tu n'en es pas né ;
Ton cœur est trop romain.

BRUTUS.

Ma honte est véritable.
Vous, amis, qui voyez le destin qui m'accable,
Soyez par mes serments les maîtres de mon sort.
Est-il quelqu'un de vous d'un esprit assez fort,
Assez stoïque, assez au-dessus du vulgaire,
Pour oser décider ce que Brutus doit faire ?
Je m'en remets à vous. Quoi ! vous baissez les yeux !
Toi, Cassius, aussi, tu te tais avec eux !
Aucun ne me soutient au bord de cet abîme !
Aucun ne m'encourage ou ne m'arrache au crime !
Tu frémis, Cassius ! et prompt à t'étonner.....

CASSIUS.

Je frémis du conseil que je vais te donner.

BRUTUS.

Parle.

CASSIUS.

Si tu n'étais qu'un citoyen vulgaire,
Je te dirais : Va, sers, sois tyran sous ton père ·
Écrase cet état que tu dois soutenir ;
Rome aura désormais deux traîtres a punir :
Mais je parle à Brutus, à ce puissant génie,
A ce héros armé contre la tyrannie,

Dont le cœur inflexible, au bien déterminé,
Épura tout le sang que César t'a donné.
Écoute : tu connais avec quelle furie
Jadis Catilina menaça sa patrie ?

BRUTUS

Oui.

CASSIUS.

Si le même jour que ce grand criminel
Dut à la liberté porter le coup mortel,
Si, lorsque le sénat eut condamné ce traître,
Catilina pour fils t'eût voulu reconnaître,
Entre ce monstre et nous forcé de décider,
Parle, qu'aurais-tu fait ?

BRUTUS.

Peux-tu le demander ?
Penses-tu qu'un instant ma vertu démentie
Eût mis dans la balance un homme et la patrie ?

CASSIUS.

Brutus, par ce seul mot ton devoir est dicté.
C'est l'arrêt du sénat, Rome est en sûreté.
Mais, dis, sens-tu ce trouble et ce secret murmure
Qu'un préjugé vulgaire impute à la nature ?
Un seul mot de César a-t-il éteint dans toi
L'amour de ton pays, ton devoir, et ta foi ?
En disant ce secret ou faux ou véritable,
Et t'avouant pour fils, en est-il moins coupable ?
En es-tu moins Brutus ? en es-tu moins Romain ?
Nous dois-tu moins ta vie, et ton cœur, et ta main ?
Toi, son fils ! Rome enfin n'est-elle plus ta mère ?
Chacun des conjurés n'est-il donc plus ton frère ?
Né dans nos murs sacrés, nourri par Scipion,
Élève de Pompée, adopté par Caton,

Ami de Cassius, que veux-tu davantage ?
Ces titres sont sacrés ; tout autre les outrage.
Qu'importe qu'un tyran, esclave de l'amour,
Ait séduit Servilie, et t'ait donné le jour ?
Laisse là les erreurs et l'hymen de ta mère,
Caton forma tes mœurs, Caton seul est ton père ;
Tu lui dois ta vertu, ton ame est toute à lui :
Brise l'indigne nœud que l'on t'offre aujourd'hui ;
Qu'à nos serments communs ta fermeté réponde ;
Et tu n'as de parents que les vengeurs du monde.

BRUTUS.

Et vous, braves amis, parlez, que pensez-vous ?

CIMBER.

Jugez de nous par lui, jugez de lui par nous.
D'un autre sentiment si nous étions capables,
Rome n'aurait point eu des enfants plus coupable
Mais à d'autres qu'à toi pourquoi t'en rapporter ?
C'est ton cœur, c'est Brutus qu'il te faut consulter.

BRUTUS.

Eh bien ! à vos regards mon ame est dévoilée ;
Lisez-y les horreurs dont elle est accablée.
Je ne vous cèle rien, ce cœur s'est ébranlé ;
De mes stoïques yeux des larmes ont coulé.
Après l'affreux serment que vous m'avez vu faire,
Prêt à servir l'état, mais à tuer mon père ;
Pleurant d'être son fils, honteux de ses bienfaits ;
Admirant ses vertus, condamnant ses forfaits ;
Voyant en lui mon père, un coupable, un grand homme;
Entraîné par César, et retenu par Rome,
D'horreur et de pitié mes esprits déchirés
Ont souhaité la mort que vous lui préparez.
Je vous dirai bien plus ; sachez que je l'estime :

Son grand cœur me séduit au sein même du crime ;
Et, si sur les Romains quelqu'un pouvait régner,
Il est le seul tyran que l'on dût épargner.
Ne vous alarmez point ; ce nom que je déteste,
Ce nom seul de tyran l'emporte sur le reste.
Le sénat, Rome, et vous, vous avez tous ma foi :
Le bien du monde entier me parle contre un roi.
J'embrasse avec horreur une vertu cruelle ;
J'en frissonne à vos yeux, mais je vous suis fidèle.
César me va parler ; que ne puis-je aujourd'hui
L'attendrir, le changer, sauver l'état et lui !
Veuillent les immortels, s'expliquant par ma bouche,
Prêter à mon organe un pouvoir qui le touche !
Mais si je n'obtiens rien de cet ambitieux,
Levez le bras, frappez, je détourne les yeux.
Je ne trahirai point mon pays pour mon père :
Que l'on approuve ou non ma fermeté sévère,
Qu'à l'univers surpris cette grande action
Soit un objet d'horreur ou d'admiration ;
Mon esprit, peu jaloux de vivre en la mémoire,
Ne considère point le reproche ou la gloire ;
Toujours indépendant, et toujours citoyen,
Mon devoir me suffit ; tout le reste n'est rien.
Allez ; ne songez plus qu'à sortir d'esclavage.

CASSIUS.

Du salut de l'état ta parole est le gage.
Nous comptons tous sur toi, comme si dans ces lieux
Nous entendions Caton, Rome même, et nos dieux.

SCÈNE III.

BRUTUS.

Voici donc le moment où César va m'entendre ;
Voici ce capitole où la mort va l'attendre.
Épargnez-moi, grands dieux, l'horreur de le haïr !
Dieux, arrêtez ces bras levés pour le punir !
Rendez, s'il se peut, Rome à son grand cœur plus chère,
Et faites qu'il soit juste, afin qu'il soit mon père !
Le voici. Je demeure immobile, éperdu.
Mânes de Caton, soutenez ma vertu !

SCÈNE IV.

CESAR, BRUTUS.

CÉSAR.

Eh bien ! que veux-tu ? parle. As-tu le cœur d'un homme ?
Es-tu fils de César ?

BRUTUS.

Oui, si tu l'es de Rome.

CÉSAR.

Républicain farouche, où vas-tu t'emporter ?
As-tu voulu me voir que pour mieux m'insulter ?
Toi ! tandis que sur toi mes faveurs se répandent,
Que du monde soumis les hommages t'attendent,
L'empire, mes bontés, rien ne fléchit ton cœur !
De quel œil vois-tu donc le sceptre ?

BRUTUS.

Avec horreur.

CÉSAR.

Je plains tes préjugés, je les excuse même.
Mais peux-tu me haïr ?

BRUTUS.

Non, César ; et je t'aime.
Mon cœur par tes exploits fut pour toi prévenu
Avant que pour ton sang tu m'eusses reconnu.
Je me suis plaint aux dieux de voir qu'un si grand homm
Fût à la fois la gloire et le fléau de Rome.
Je déteste César avec le nom de roi ;
Mais César citoyen serait un dieu pour moi ;
Je lui sacrifierais ma fortune et ma vie.

CÉSAR.

Que peux-tu donc haïr en moi ?

BRUTUS.

La tyrannie.
Daigne écouter les vœux, les larmes, les avis
De tous les vrais Romains, du sénat, de ton fils.
Veux-tu vivre en effet le premier de la terre,
Jouir d'un droit plus saint que celui de la guerre,
Être encor plus que roi, plus même que César ?

CÉSAR.

Eh bien ?

BRUTUS.

Tu vois la terre enchaînée à ton char ;
Romps nos fers, sois Romain, renonce au diadème.

CÉSAR.

Ah ! que proposes-tu ?

BRUTUS.

Ce qu'a fait Sylla même.
Long-temps dans notre sang Sylla s'était noyé :
Il rendit Rome libre, et tout fut oublié.
Cet assassin illustre entouré de victimes,
En descendant du trône, effaça tous ses crimes

Tu n'eus point ses fureurs, ose avoir ses vertus.
Ton cœur sut pardonner ; César, fais encor plus.
Que servent désormais les grâces que tu donnes ?
C'est à Rome, à l'état, qu'il faut que tu pardonnes :
Alors plus qu'à ton rang nos cœurs te sont soumis ;
Alors tu sais régner ; alors je suis ton fils.
Quoi ! je te parle en vain ?

CÉSAR.

Rome demande un maître ;
Un jour à tes dépens tu l'apprendras peut-être.
Tu vois nos citoyens plus puissants que des rois :
Nos mœurs changent, Brutus ; il faut changer nos lois.
La liberté n'est plus que le droit de se nuire :
Rome, qui détruit tout, semble enfin se détruire ;
Ce colosse effrayant, dont le monde est foulé,
En pressant l'univers est lui-même ébranlé ;
Il penche vers sa chute, et contre la tempête
Il demande mon bras pour soutenir sa tête :
Enfin, depuis Sylla, nos antiques vertus,
Les lois, Rome, l'état, sont des noms superflus.
Dans nos temps corrompus, pleins de guerres civiles,
Tu parles comme au temps des Dèces, des Émiles.
Caton t'a trop séduit, mon cher fils ; je prévoi
Que ta triste vertu perdra l'état et toi.
Fais céder, si tu peux, ta raison détrompée
Au vainqueur de Caton, au vainqueur de Pompée,
A ton père qui t'aime, et qui plaint ton erreur :
Sois mon fils en effet, Brutus ; rends-moi ton cœur ;
Prends d'autres sentiments, ma bonté t'en conjure ;
Ne force point ton ame à vaincre la nature.
Tu ne me réponds rien ; tu détournes les yeux.

BRUTUS.

Je ne me connais plus. Tonnez sur moi, grands dieux!
César....

CÉSAR.

Quoi! tu t'émeus? ton ame est amollie?
Ah! mon fils...!

BRUTUS.

Sais-tu bien qu'il y va de ta vie?
Sais-tu que le sénat n'a point de vrai Romain
Qui n'aspire en secret à te percer le sein?
Que le salut de Rome, et que le tien te touche!
Ton génie alarmé te parle par ma bouche:
Il me pousse, il me presse, il me jette à tes pieds.
        (Il se jette à ses genoux.)
César, au nom des dieux, dans ton cœur oubliés,
Au nom de tes vertus, de Rome, et de toi-même,
Dirai-je au nom d'un fils qui frémit et qui t'aime,
Qui te préfère au monde, et Rome seule à toi,
Ne me rebute pas!

CÉSAR.

Malheureux, laisse-moi:
Que me veux-tu?

BRUTUS.

Crois-moi, ne sois point insensible.

CÉSAR.

L'univers peut changer; mon ame est inflexible.

BRUTUS.

Voilà donc ta réponse?

CÉSAR.

Oui, tout est résolu
Rome doit obéir, quand César a voulu.

ACTE III, SCÈNE IV.

BRUTUS, *d'un air consterné.*

Adieu, César.

CÉSAR.

Eh quoi! d'où viennent tes alarmes?
Demeure encor, mon fils. Quoi, tu verses des larmes!
Quoi! Brutus peut pleurer! Est-ce d'avoir un roi?
Pleures-tu les Romains?

BRUTUS.

Je ne pleure que toi.

Adieu, te dis-je.

CÉSAR.

O Rome! ô rigueur héroïque!
Que ne puis-je à ce point aimer ma république!

SCÈNE V.

CÉSAR, DOLABELLA, ROMAINS.

DOLABELLA.

LE sénat par ton ordre au temple est arrivé;
On n'attend plus que toi, le trône est élevé;
Tous ceux qui t'ont vendu leur vie et leurs suffrages
Vont prodiguer l'encens au pied de tes images.
J'amène devant toi la foule des Romains;
Le sénat va fixer leurs esprits incertains:
Mais si César croyait un citoyen qui l'aime,
Nos présages affreux, nos devins, nos dieux même,
César différerait ce grand évènement.

CÉSAR.

Quoi! lorsqu'il faut régner, différer d'un moment!
Qui pourrait m'arrêter, moi?

DOLABELLA.

            Toute la nature
Conspire à t'avertir par un sinistre augure :
Le ciel qui fait les rois redoute ton trépas.

CÉSAR.

Va, César n'est qu'un homme; et je ne pense pas
Que le ciel de mon sort à ce point s'inquiète,
Qu'il anime pour moi la nature muette,
Et que les éléments paraissent confondus
Pour qu'un mortel ici respire un jour de plus.
Les dieux du haut du ciel ont compté nos années;
Suivons sans reculer nos hautes destinées.
César n'a rien à craindre.

DOLABELLA.

            Il a des ennemis
Qui sous un joug nouveau sont à peine asservis :
Qui sait s'ils n'auraient point conspiré leur vengeance?

CÉSAR.

Ils n'oseraient.

DOLABELLA.

         Ton cœur a trop de confiance.

CÉSAR.

Tant de précautions contre mon jour fatal
Me rendraient méprisable, et me défendraient mal.

DOLABELLA.

Pour le salut de Rome il faut que César vive :
Dans le sénat au moins permets que je te suive.

CÉSAR.

Non : pourquoi changer l'ordre entre nous concerté?
N'avançons point, ami, le moment arrêté;
Qui change ses desseins découvre sa faiblesse.

DOLABELLA.

Je te quitte à regret. Je crains, je le confesse ;
Ce nouveau mouvement dans mon cœur est trop fort.

CÉSAR.

Va, j'aime mieux mourir que de craindre la mort
Allons.

SCÈNE VI

DOLABELLA, ROMAINS.

Chers citoyens, quel héros, quel courage
De là terre et de vous méritait mieux l'hommage ?
Joignez vos vœux aux miens, peuples, qui l'admirez ;
Confirmez les honneurs qui lui sont préparés ;
Vivez pour le servir, mourez pour le défendre....
Quelles clameurs, ô ciel ! quels cris se font entendre !

LES CONJURÉS, *derrière le théâtre.*

Meurs, expire, tyran. Courage, Cassius.

DOLABELLA.

Ah ! courons le sauver.

SCÈNE VII.

CASSIUS, *un poignard à la main* ; DOLABELLA,
ROMAINS.

CASSIUS.

C'en est fait, il n'est plus.

DOLABELLA.

Peuples, secondez-moi, frappons, perçons ce traître.

CASSIUS.

Peuples, imitez-moi ; vous n'avez plus de maître.

3.

LA MORT DE CÉSAR.

Nation de héros, vainqueurs de l'univers :
Vive la liberté ! ma main brise vos fers.

DOLABELLA.

Vous trahissez, Romains, le sang de ce grand homme?

CASSIUS.

J'ai tué mon ami pour le salut de Rome :
Il vous asservit tous ; son sang est répandu.
Est-il quelqu'un de vous de si peu de vertu,
D'un esprit si rampant, d'un si faible courage,
Qu'il puisse regretter César et l'esclavage ?
Quel est ce vil Romain qui veut avoir un roi ?
S'il en est un, qu'il parle, et qu'il se plaigne à moi :
Mais vous m'applaudissez, vous aimez tous la gloire.

ROMAINS.

César fut un tyran, périsse sa mémoire !

CASSIUS.

Maîtres du monde entier, de Rome heureux enfants,
Conservez à jamais ces nobles sentiments.
Je sais que devant vous Antoine va paraître :
Amis, souvenez-vous que César fut son maître ;
Qu'il a servi sous lui, dès ses plus jeunes ans.
Dans l'école du crime, et dans l'art des tyrans.
Il vient justifier son maître et son empire ;
Il vous méprise assez pour penser vous séduire :
Sans doute il peut ici faire entendre sa voix ;
Telle est la loi de Rome, et j'obéis aux lois.
Le peuple est désormais leur organe suprême,
Le juge de César, d'Antoine, de moi-même.
Vous rentrez dans vos droits indignement perdus ;
César vous les ravit, je vous les ai rendus ;
Je les veux affermir. Je rentre au capitole ;
Brutus est au sénat, il m'attend, et j'y vole.

Je vais avec Brutus, en ces murs désolés,
Rappeler la justice, et nos dieux exilés,
Étouffer des méchants les fureurs intestines,
Et de la liberté réparer les ruines.
Vous, Romains, seulement consentez d'être heureux;
Ne vous trahissez pas, c'est tout ce que je veux;
Redoutez tout d'Antoine, et surtout l'artifice.

ROMAINS.

S'il vous ose accuser, que lui-même il périsse.

CASSIUS.

Souvenez-vous, Romains, de ces serments sacrés.

ROMAINS.

Aux vengeurs de l'état nos cœurs sont assurés.

SCÈNE VIII.

ANTOINE, ROMAINS, DOLABELLA.

UN ROMAIN.

Mais Antoine paraît.

AUTRE ROMAIN.

Qu'osera-t-il nous dire?

UN ROMAIN.

Ses yeux versent des pleurs; il se trouble, il soupire.

UN AUTRE.

Il aimait trop César.

ANTOINE, *montant à la tribune aux harangues.*

Oui, je l'aimais, Romains;
Oui, j'aurais de mes jours prolongé ses destins;
Hélas! vous avez tous pensé comme moi-même;
Et lorsque, de son front ôtant le diadème,
Ce héros à vos lois s'immolait aujourd'hui,
Qui de vous en effet n'eût expiré pour lui?

Hélas ! je ne viens point célébrer sa mémoire :
La voix du monde entier parle assez de sa gloire :
Mais de mon désespoir ayez quelque pitié,
Et pardonnez du moins des pleurs à l'amitié.

UN ROMAIN.

Il les fallait verser quand Rome avait un maître.
César fut un héros ; mais César fut un traître.

AUTRE ROMAIN.

Puisqu'il était tyran, il n'eut point de vertus.

UN TROISIÈME.

Oui, nous approuvons tous Cassius et Brutus.

ANTOINE.

Contre ses meurtriers je n'ai rien à vous dire ;
C'est à servir l'état que leur grand cœur aspire.
De votre dictateur ils ont percé le flanc ;
Comblés de ses bienfaits, ils sont teints de son sang.
Pour forcer des Romains à ce coup détestable,
Sans doute il fallait bien que César fût coupable,
Je le crois : mais enfin César a-t-il jamais
De son pouvoir sur vous appesanti le faix ?
A-t-il gardé pour lui le fruit de ses conquêtes ?
Des dépouilles du monde il couronnait vos têtes ;
Tout l'or des nations qui tombaient sous ses coups,
Tout le prix de son sang fut prodigué pour vous :
De son char de triomphe il voyait vos alarmes ;
César en descendait pour essuyer vos larmes :
Du monde qu'il soumit vous triomphez en paix,
Puissants par son courage, heureux par ses bienfaits ;
Il payait le service ; il pardonnait l'outrage.
Vous le savez, grands dieux ! vous, dont il fut l'image ;
Vous, dieux ! qui lui laissiez le monde à gouverner ;
Vous savez si son cœur aimait à pardonner !

ROMAINS.

Il est vrai que César fit aimer sa clémence.

ANTOINE.

Hélas! si sa grande ame eût connu la vengeance,
Il vivrait, et sa vie eût rempli nos souhaits.
Sur tous ses meurtriers il versa ses bienfaits;
Deux fois à Cassius il conserva la vie.
Brutus,... où suis-je? ô ciel! ô crime! ô barbarie!
Chers amis, je succombe, et mes sens interdits....
Brutus son assassin!... ce monstre était son fils.

ROMAINS.

Ah dieux!

ANTOINE.

          Je vois frémir vos généreux courages;
Amis, je vois les pleurs qui mouillent vos visages.
Oui, Brutus est son fils: mais vous qui m'écoutez,
Vous étiez ses enfants dans son cœur adoptés.
Hélas! si vous saviez sa volonté dernière!

ROMAINS.

Quelle est-elle? parlez.

ANTOINE.

               Rome est son héritière:
Ses trésors sont vos biens; vous en allez jouir:
Au-delà du tombeau César veut vous servir:
C'est vous seuls qu'il aimait; c'est pour vous qu'en Asie
Il allait prodiguer sa fortune et sa vie:
O Romains, disait-il, peuple-roi que je sers,
Commandez à César, César à l'univers.
Brutus ou Cassius eût-il fait davantage?

ROMAINS.

Ah! nous les détestons. Ce doute nous outrage.

UN ROMAIN.

César fut en effet le père de l'état.

ANTOINE.

Votre père n'est plus ; un lâche assassinat
Vient de trancher ici les jours de ce grand homme,
L'honneur de la nature, et la gloire de Rome.
Romains, priverez-vous des honneurs du bûcher
Ce père, cet ami, qui vous était si cher ?
On l'apporte à vos yeux.

(Le fond du théâtre s'ouvre ; des licteurs apportent le
corps de César couvert d'une robe sanglante. Antoine
descend de la tribune, et se jette à genoux auprès du
corps.)

ROMAINS.

O spectacle funeste !

ANTOINE.

Du plus grand des Romains voilà ce qui vous reste ;
Voilà ce Dieu vengeur idolâtré par vous,
Que ses assassins même adoraient à genoux ;
Qui, toujours votre appui dans la paix, dans la guerre,
Une heure auparavant faisait trembler la terre,
Qui devait enchaîner Babylone à son char ;
Amis, en cet état connaissez-vous César ?
Vous les voyez, Romains, vous touchez ces blessures,
Ce sang qu'ont sous vos yeux versé des mains parjures
Là, Cimber l'a frappé ; là, sur le grand César
Cassius et Décime enfonçaient leur poignard ;
Là, Brutus éperdu, Brutus, l'âme égarée,
A souillé dans ses flancs sa main dénaturée.
César, le regardant d'un œil tranquille et doux,
Lui pardonnait encore en tombant sous ses coups ;
Il l'appelait son fils ; et ce nom cher et tendre

Est le seul qu'en mourant César ait fait entendre :
O mon fils ! disait-il.

UN ROMAIN.

O monstre que les dieux
Devaient exterminer avant ce coup affreux !

AUTRES ROMAINS, *en regardant le corps dont ils sont*
proche.

Dieux ! son sang coule encore.

ANTOINE.

Il demande vengeance,
Il l'attend de vos mains et de votre vaillance.
Entendez-vous sa voix ? Réveillez-vous, Romains ;
Marchez, suivez-moi tous contre ses assassins :
Ce sont là les honneurs qu'à César on doit rendre :
Des brandons du bûcher qui va le mettre en cendre,
Embrasons les palais de ces fiers conjurés ;
Enfonçons dans leur sein nos bras désespérés.
Venez, dignes amis, venez, vengeurs des crimes,
Au dieu de la patrie immoler ces victimes.

ROMAINS.

Oui, nous les punirons ; oui, nous suivrons vos pas
Nous jurons par son sang de venger son trépas.
Courons.

ANTOINE, *à Dolabella.*

Ne laissons pas leur fureur inutile ;
Précipitons ce peuple inconstant et facile ;
Entraînons-le à la guerre ; et, sans rien ménager,
Succédons à César, en courant le venger.

FIN DE LA MORT DE CÉSAR

SÉMIRAMIS,

TRAGÉDIE,

Représentée, pour la première fois, à Paris, le 29
auguste 1748.

AVERTISSEMENT.

CETTE tragédie, d'une espèce particulière, et qui demande un appareil peu commun sur le théâtre de Paris, avait été demandée par l'infante d'Espagne, dauphine de France, qui, remplie de la lecture des anciens, aimait les ouvrages de ce caractère. Si elle eût vécu, elle eût protégé les arts, et donné au théâtre plus de pompe et de dignité.

DISSERTATION

SUR LA TRAGÉDIE

ANCIENNE ET MODERNE,

son éminence monseigneur le cardinal Quirini, noble Vénitien, évêque de Brescia, bibliothécaire du Vatican.

ΙONSEIGNEUR,

IL était digne d'un génie tel que le vôtre, et un homme qui est à la tête de la plus ancienne bliothèque du monde, de vous donner tout en- er aux lettres. On doit voir de tels princes de glise sous un pontife qui a éclairé le monde rétien avant de le gouverner. Mais, si tous les ttrés vous doivent de la reconnaissance, je vous dois plus que personne, après l'honneur que us m'avez fait de traduire en de si beaux vers Henriade et le Poëme de Fontenoi. Les deux éros vertueux que j'ai célébrés sont devenus les ôtres. Vous avez daigné m'embellir, pour rendre core plus respectables aux nations les noms de enri IV et de Louis XV, et pour étendre de plus plus dans l'Europe le goût des arts.

Parmi les obligations que toutes les nations modernes ont aux Italiens, et surtout aux premiers pontifes et à leurs ministres, il faut compter la culture des belles-lettres, par qui furent adoucies peu à peu les mœurs féroces et grossières de nos peuples septentrionaux, et auxquelles nous devons aujourd'hui notre politesse, nos délices et notre gloire.

C'est sous le grand Léon X que le théâtre grec renaquit, ainsi que l'éloquence. La Sophonisbe du célèbre prélat Trissino, nonce du pape, est la première tragédie régulière que l'Europe ait vue après tant de siècles de barbarie, comme la Calandra du cardinal Bibiéna avait été auparavant la première comédie dans l'Italie moderne.

Vous fûtes les premiers qui élevâtes de grands théâtres, et qui donnâtes au monde quelque idée de cette splendeur de l'ancienne Grèce qui attirait les nations étrangères à ses solennités, et qui fut le modèle des peuples en tous les genres.

Si votre nation n'a pas toujours égalé les anciens dans le tragique, ce n'est pas que votre langue harmonieuse, féconde et flexible, ne soit propre à tous les sujets ; mais il y a grande apparence que les progrès que vous avez faits dans la musique ont nui enfin à ceux de la véritable tragédie. C'est un talent qui a fait tort à un autre.

Permettez que j'entre avec votre éminence dans une discussion littéraire. Quelques personnes, accoutumées au style des épîtres dédicatoires, s'étonneront que je me bornerai à comparer les visages des Grecs avec les modernes, au lieu de comparer les grands hommes de l'antiquité avec ceux de votre maison; mais je parle à un savant, à un sage, à celui dont les lumières doivent m'éclairer, et dont j'ai l'honneur d'être le confrère dans la plus ancienne académie de l'Europe, dont les membres s'occupent souvent de semblables recherches; je parle enfin à celui qui aime mieux me donner des instructions que de recevoir des éloges.

PREMIÈRE PARTIE.

Des tragédies grecques imitées par quelques opéra italiens et français.

Un célèbre auteur de votre nation dit que, depuis les beaux jours d'Athènes, la tragédie errante et abandonnée cherche de contrée en contrée quelqu'un qui lui donne la main, et qui lui rende ses premiers honneurs, mais qu'elle n'a pu le trouver.

S'il entend qu'aucune nation n'a de théâtres où des chœurs occupent presque toujours la scène, et chantent des strophes, des épodes et des antistrophes accompagnées d'une danse grave; qu'aucune nation ne fait paraître ses acteurs sur des espèces d'échasses, le visage couvert d'un masque qui exprime la douleur d'un côté et la joie de l'autre; que la déclamation de nos tragédies n'est point notée et soutenue par des flûtes; il a sans

doute raison : je ne sais si c'est à notre désavan-
tage. J'ignore si la forme de nos tragédies, plus
rapprochée de la nature, ne vaut pas celle des
Grecs, qui avait un appareil plus imposant.

Si cet auteur veut dire qu'en général ce grand
art n'est pas aussi considéré depuis la renaissance
des lettres qu'il l'était autrefois ; qu'il y a en Europe
des nations qui ont quelquefois usé d'ingratitude
envers les successeurs des Sophocle et des Euripide ; que nos théâtres ne sont point de ces édi-
fices superbes dans lesquels les Athéniens met-
taient leur gloire ; que nous ne prenons pas les
mêmes soins qu'eux de ces spectacles devenus si
nécessaires dans nos villes immenses : on doit être
entièrement de son opinion. *Et sapit, et mecum
facit, et Jove judicat æquo.*

Où trouver un spectacle qui nous donne une
image de la scène grecque ? c'est peut-être dans
vos tragédies, nommées opéra, que cette image
subsiste. Quoi ! me dira-t-on, un opéra italien
aurait quelque ressemblance avec le théâtre d'A-
thènes ? oui. Le récitatif italien est précisément la
mélopée des anciens ; c'est cette déclamation notée
et soutenue par des instruments de musique. Cette
mélopée, qui n'est ennuyeuse que dans vos mauvaises tragédies-opéra, est admirable dans vos
bonnes pièces. Les chœurs que vous y avez ajou-
tés depuis quelques années, et qui sont liés essen-
tiellement au sujet, approchent d'autant plus des
chœurs des anciens, qu'ils sont exprimés avec une

musique différente du récitatif, comme la strophe, l'épode et l'antistrophe étaient chantées, chez les Grecs, tout autrement que la mélopée des scènes. Ajoutez à ces ressemblances, que dans plusieurs tragédies-opéra du célèbre abbé Metastasio, l'unité de lieu, d'action et de temps est observée; ajoutez que ces pièces sont pleines de cette poésie d'expression, et de cette élégance continue, qui embellissent le naturel sans jamais le charger, talent que, depuis les Grecs, le seul Racine a possédé parmi nous, et le seul Addisson chez les Anglais.

Je sais que ces tragédies, si imposantes par les charmes de la musique et par la magnificence du spectacle, ont un défaut que les Grecs ont toujours évité; je sais que ce défaut a fait des monstres des pièces les plus belles, et d'ailleurs les plus régulières : il consiste à mettre dans toutes les scènes de ces petits airs coupés, de ces ariettes détachées qui interrompent l'action, et qui font valoir les fredons d'une voix efféminée, mais brillante, aux dépens de l'intérêt et du bon sens. Le grand auteur que j'ai déja cité, et qui a tiré beaucoup de ses pièces de notre théâtre tragique, a remédié, à force de génie, à ce défaut qui est devenu une nécessité. Les paroles de ses airs détachés sont souvent des embellissements du sujet même; elles sont passionnées; elles sont quelquefois comparables aux plus beaux morceaux des odes d'Horace : j'en apporterai pour preuve cette strophe touchante que chante Arbace accusé et innocent :

> Vo solcando un mar crudele
> Senza vele
> E senza sarte.
> Freme l'onda, il ciel s'imbruna,
> Cresce il vento, e manca l'arte;
> E il voler della fortuna
> Son costretto a seguitar.
> Infelice! in questo stato
> Son da tutti abbandonato;
> Meco sola è l'innocenza
> Che mi porta a naufragar.

J'y ajouterai encore cette autre ariette sublime que débite le roi des Parthes vaincu par Adrien, quand il veut faire servir sa défaite même à sa vengeance :

> Sprezza il furor del vento
> Robusta quercia avvezza
> Di cento venti e cento
> L'injurie a tolerar.
> E se pur cade al suolo
> Spiega per l'onde il volo;
> E con quel vento istesso
> Va contrastando il mar.

Il y en a beaucoup de cette espèce; mais que sont des beautés hors de place? et qu'aurait-on dit dans Athènes, si OEdipe et Oreste avaient, au moment de la reconnaissance, chanté de petits

airs fredonnés, et débité des comparaisons à Jo-
caste et à Électre ? Il faut donc avouer que l'opéra,
en séduisant les Italiens par les agréments de la
musique, a détruit d'un côté la véritable tragédie
grecque qu'il faisait renaître de l'autre.

Notre opéra français nous devait faire encore
plus de tort ; notre mélopée rentre bien moins que
la vôtre dans la déclamation naturelle ; elle est
plus languissante ; elle ne permet jamais que les
scènes aient leur juste étendue ; elle exige des dia-
logues courts en petites maximes coupées, dont
chacune produit une espèce de chanson.

Que ceux qui sont au fait de la vraie littérature
des autres nations, et qui ne bornent pas leur
science aux airs de nos ballets, songent à cette
admirable scène dans la *Clemenza di Tito*, entre
Titus et son favori qui a conspiré contre lui ; je
veux parler de cette scène où Titus dit à Sextus
ces paroles :

> Siam soli, il tuo sovrano
> Non è presente ; apri il tuo core a Tito,
> Confida ti all' amico : io ti prometto
> Ch'Augusto no'l saprà.

Qu'ils relisent le monologue suivant où Titus dit
ces autres paroles, qui doivent être l'éternelle
leçon de tous les rois, et le charme de **tous les**
hommes :

> .... Il torre altrui la vita
> E facoltà comune

Al più vil della terra; il darla è solo
De' numi, e de' regnanti.

Ces deux scènes comparables à tout ce que la
Grèce a eu de plus beau, si elles ne sont pas supe-
rieures; ces deux scènes dignes de Corneille quand
il n'est pas déclamateur, et de Racine quand il
n'est pas faible; ces deux scènes, qui ne sont pas
fondées sur un amour d'opéra, mais sur les nobles
sentiments du cœur humain, ont une durée trois
fois plus longue au moins que les scènes les plus
étendues de nos tragédies en musique. De pareils
morceaux ne seraient pas supportés sur notre
théâtre lyrique, qui ne se soutient guère que par
des maximes de galanterie, et par des passions
manquées, à l'exception d'Armide, et des belles
scènes d'Iphigénie, ouvrages plus admirables
qu'imités.

Parmi nos défauts, nous avons, comme vous,
dans nos opéra les plus tragiques une infinité
d'airs détachés, mais qui sont plus défectueux que
les vôtres, parce qu'ils sont moins liés au sujet.
Les paroles y sont presque toujours asservies aux
musiciens, qui, ne pouvant exprimer dans leurs
petites chansons les termes mâles et énergiques de
notre langue, exigent des paroles efféminées, oi-
sives, vagues, étrangères à l'action, et ajustées
comme on peut à de petits airs mesurés, semblables à ceux qu'on appelle à Venise *Barcarole*. Quel
rapport, par exemple, entre Thésée, reconnu par

son père sur le point d'être emprisonné par lui,
et ces ridicules paroles :

> Le plus sage
> S'enflamme et s'engage,
> Sans savoir comment.

Malgré ces défauts, j'ose encore penser que nos
bonnes tragédies-opéra, telles qu'Atis, Armide,
Thésée, étaient ce qui pouvait donner parmi nous
quelque idée du théâtre d'Athènes, parce que ces
tragédies sont chantées comme celles des Grecs;
parce que le chœur, tout vicieux qu'on l'a rendu,
tout fade panégyriste qu'on l'a fait de la morale
amoureuse, ressemble pourtant à celui des Grecs,
en ce qu'il occupe souvent la scène. Il ne dit pas
ce qu'il doit dire, il n'enseigne pas la vertu, *Et
regat iratos, et amet peccare timentes ;* mais enfin il
faut avouer que la forme des tragédies-opéra nous
retrace la forme de la tragédie grecque à quelques
égards. Il m'a donc paru en général, en consul-
tant les gens de lettres qui connaissent l'antiquité,
que ces tragédies-opéra sont la copie et la ruine
de la tragédie d'Athènes. Elles en sont la copie,
en ce qu'elles admettent la mélopée, les chœurs,
les machines, les divinités; elles en sont la des-
truction, parce qu'elles ont accoutumé les jeunes
gens à se connaître en sons plus qu'en esprit, à
préférer leurs oreilles à leur âme, les roulades à
des pensées sublimes, à faire valoir quelquefois
les ouvrages les plus insipides et les plus mal

écrits, quand ils sont soutenus par quelques airs qui nous plaisent. Mais, malgré tous ces défauts, l'enchantement qui résulte de ce mélange heureux de scènes, de chœurs, de danses, de symphonies, et de cette variété de décorations, subjugue jusqu'au critique même; et la meilleure comédie, la meilleure tragédie, n'est jamais fréquentée par les mêmes personnes aussi assidûment qu'un opéra médiocre. Les beautés régulières, nobles, sévères, ne sont pas les plus recherchées par le vulgaire : si on représente une ou deux fois Cinna, on joue trois mois les Fêtes vénitiennes : un poëme épique est moins lu que des épigrammes licencieuses : un petit roman sera mieux débité que l'histoire du président de Thou. Peu de particuliers font travailler de grands peintres; mais on se dispute des figures estropiées qui viennent de la Chine, et des ornements fragiles. On dore, on vernit des cabinets, on néglige la noble architecture; enfin, dans tous les genres, les petits agréments l'emportent sur le vrai mérite

SECONDE PARTIE.

De la tragédie française comparée à la tragédie grecque.

Heureusement la bonne et vraie tragédie parut en France avant que nous eussions ces opéra, qui auraient pu l'étouffer. Un auteur nommé Mairet fut le premier qui, en imitant la Sophonisbe du Trissino, introduisit la règle des trois unités que vous aviez prise des Grecs. Peu à peu notre scène s'épura, et se défit de l'indécence et de la barbarie qui déshonoraient alors tant de théâtres, et qui servaient d'excuse à ceux dont la sévérité peu éclairée condamnait tous les spectacles.

Les acteurs ne parurent pas élevés, comme dans Athènes, sur des cothurnes qui étaient de véritables échasses; leur visage ne fut pas caché sous de grands masques, dans lesquels des tuyaux d'airain rendaient les sons de la voix plus frappants et plus terribles. Nous ne pûmes avoir la mélopée des Grecs. Nous nous réduisîmes à la simple déclamation harmonieuse, ainsi que vous en aviez d'abord usé. Enfin nos tragédies devinrent une imitation plus vraie de la nature. Nous substituâmes l'histoire à la fable grecque. La politique, l'ambition, la jalousie, les fureurs de l'amour, régnèrent sur nos théâtres. Auguste, Cinna, César, Cornélie, plus respectables que des héros fabuleux, parlèrent souvent sur notre scène comme ils auraient parlé dans l'ancienne Rome.

Je ne prétends pas que la scène française l'ait emporté en tout sur celle des Grecs, et doive la faire oublier. Les inventeurs ont toujours la première place dans la mémoire des hommes; mais quelque respect qu'on ait pour ces premiers génies, cela n'empêche pas que ceux qui les ont suivis ne fassent souvent beaucoup plus de plaisir. On respecte Homère, mais on lit le Tasse; on trouve dans lui beaucoup de beautés qu'Homère n'a point

4.

connues. On admire Sophocle ; mais combien de
nos bons auteurs tragiques ont-ils de traits de
maître que Sophocle eût fait gloire d'imiter, s'il
fût venu après eux! Les Grecs auraient appris de
nos grands modernes à faire des expositions plus
adroites, à lier les scènes les unes aux autres par
cet art imperceptible qui ne laisse jamais le théâtre
vide, et qui fait venir et sortir avec raison les
personnages. C'est à quoi les anciens ont souvent
manqué, et c'est en quoi le Trissino les a malheureusement imités. Je maintiens, par exemple, que
Sophocle et Euripide eussent regardé la première
scène de Bajazet comme une école où ils auraient
profité, en voyant un vieux général d'armée annoncer, par les questions qu'il fait, qu'il médite
une grande entreprise.

> Que faisaient cependant nos braves janissaires ?
> Rendent-ils au sultan des hommages sincères ?
> Dans le secret des cœurs, Osmin, n'as-tu rien lu ?

Et le moment d'après :

> Crois-tu qu'ils me suivraient encore avec plaisir,
> Et qu'ils reconnaîtraient la voix de leur visir ?

Ils auraient admiré comme ce conjuré développe
ensuite ses desseins, et rend compte de ses ac-
tions. Ce grand mérite de l'art n'était point connu
aux inventeurs de l'art. Le choc des passions, ces
combats de sentiments opposés, ces discours ani-
més de rivaux et de rivales, ces contestations in-
téressantes, où l'on dit ce que l'on doit dire, ces

situations si bien ménagées, les auraient étonnés.
Ils eussent trouvé mauvais peut-être qu'Hippolyte soit amoureux assez froidement d'Aricie, et
que son gouverneur lui fasse des leçons de galanterie; qu'il dise :

> . . . . Vous-même, où seriez-vous,
> Si toujours votre mère, à l'amour opposée,
> D'une pudique ardeur n'eût brûlé pour Thésée ?

paroles tirées du *Pastor fido*, et bien plus conve-
nables à un berger qu'au gouverneur d'un prince;
mais ils eussent été ravis en admiration en enten-
dant Phèdre s'écrier :

> OEnone, qui l'eût cru? j'avais une rivale,
> . . . . Hippolyte aime, et je n'en peux douter.
> Ce farouche ennemi, qu'on ne pouvait dompter,
> Qu'offensait le respect, qu'importunait la plainte;
> Ce tigre, que jamais je n'abordai sans crainte,
> Soumis, apprivoisé, reconnaît un vainqueur.

Ce désespoir de Phèdre, en découvrant sa rivale,
vaut certainement un peu mieux que la satire des
femmes, que fait si longuement et si mal à propos
l'Hippolyte d'Euripide, qui devient là un mauvais personnage de comédie. Les Grecs auraient
surtout été surpris de cette foule de traits sublimes qui étincellent de toutes parts dans nos
modernes. Quel effet ne ferait point sur eux ce
vers :

> Que vouliez-vous qu'il fît contre trois ? -- Qu'il mourût.

Et cette réponse, peut-être encore plus belle et

plus passionnée, que fait Hermione à Oreste, lorsqu'après avoir exigé de lui la mort de Pyrrhus qu'elle aime, elle apprend malheureusement qu'elle est obéie ; elle s'écrie alors :

Pourquoi l'assassiner, qu'a-t-il fait? A quel titre?
Qui te l'a dit?

ORESTE.

O dieux! quoi! ne m'avez-vous pas
Vous-même, ici, tantôt, ordonné son trépas?

HERMIONE.

Ah! fallait-il en croire une amante insensée?

Je citerai encore ici ce que dit César quand on lui présente l'urne qui renferme les cendres de Pompée.

Restes d'un demi-dieu, dont à peine je puis
Egaler le grand nom, tout vainqueur que j'en suis.

Les Grecs ont d'autres beautés ; mais, je m'en rapporte à vous, monseigneur, ils n'en ont aucune de ce caractère.

Je vais plus loin, et je dis que ces hommes, qui étaient si passionnés pour la liberté, et qui ont dit si souvent qu'on ne peut penser avec hauteur que dans les républiques, apprendraient à parler dignement de la liberté même dans quelques-unes de nos pièces, tout écrites qu'elles sont dans le sein d'une monarchie.

Les modernes ont encore, plus fréquemment que les Grecs, imaginé des sujets de pure invention. Nous eûmes beaucoup de ces ouvrages, du temps du cardinal de Richelieu ; c'était son goût, ainsi que celui des Espagnols ; il aimait qu'on cherchât d'abord à peindre des mœurs et à arranger une intrigue, et qu'ensuite on donnât des noms aux personnages, comme on en use dans la comédie; c'est ainsi qu'il travaillait lui-même, quand il voulait se délasser du poids du ministère. Le Venceslas de Rotrou est entièrement dans ce goût, et toute cette histoire est fabuleuse. Mais l'auteur voulut peindre un jeune homme fougueux dans ses passions, avec un mélange de bonnes et de mauvaises qualités; un père tendre et faible; et il a réussi dans quelques parties de son ouvrage. Le Cid et Héraclius, tirés des Espagnols, sont encore des sujets feints : il est bien vrai qu'il y a eu un empereur nommé Héraclius, un capitaine espagnol qui eut le nom de Cid; mais presque aucune des aventures qu'on leur attribue n'est véritable. Dans Zaïre et dans Alzire, si j'ose en parler, et je n'en parle que pour donner des exemples connus, tout est feint jusqu'aux noms. Je ne conçois pas, après cela, comment le P. Brumoy a pu dire, dans son Théâtre des Grecs, que la tragédie ne peut souffrir de sujets feints, et que jamais on ne prit cette liberté dans Athènes. Il s'épuise à chercher la raison d'une chose qui n'est pas. « Je crois en trouver une raison , dit-il, dans « la nature de l'esprit humain : il n'y a que la « vraisemblance dont il puisse être touché. Or il « n'est pas vraisemblable que des faits aussi grands « que ceux de la tragédie soient absolument in-

« connus ; si donc le poëte invente tout le sujet,
« jusques aux noms, le spectateur se révolte, tout
« lui paraît incroyable ; et la pièce manque son
« effet, faute de vraisemblance. »

Premièrement, il est faux que les Grecs se soient
interdit cette espèce de tragédie. Aristote dit ex-
pressément qu'Agathon s'était rendu très célèbre
dans ce genre. Secondement, il est faux que ces
sujets ne réussissent point ; l'expérience du contraire dépose contre le P. Brumoy. En troisième
lieu, la raison qu'il donne du peu d'effet que ce
genre de tragédie peut faire, est encore très fausse ;
c'est assurément ne pas connaître le cœur humain,
que de penser qu'on ne peut le remuer par des fic-
tions. En quatrième lieu, un sujet de pure invention, et un sujet vrai, mais ignoré, sont absolument la même chose pour les spectateurs ; et comme
notre scène embrasse des sujets de tous les temps
et de tous les pays, il faudrait qu'un spectateur
allât consulter tous les livres avant qu'il sût si ce
qu'on lui représente est fabuleux ou historique.
Il ne prend pas assurément cette peine ; il se laisse
attendrir quand la pièce est touchante, et il ne
s'avise pas de dire, en voyant Polyeucte : Je n'ai
jamais entendu parler de Sévère et de Pauline ; ces
gens-là ne doivent pas me toucher. Le P. Brumoy
devait seulement remarquer que les pièces de ce
genre sont beaucoup plus difficiles à faire que les
autres. Tout le caractère de Phèdre était déjà dans
Euripide · sa déclaration d'amour, dans Sénèque

tragique; toute la scène d'Auguste et de Cinna,
ins Sénèque le philosophe; mais il fallait tirer
vère et Pauline de son propre fonds. Au reste,
le P. Brumoy s'est trompé dans cet endroit et
ins quelques autres, son livre est d'ailleurs un
s meilleurs et des plus utiles que nous ayons;
je ne combats son erreur qu'en estimant son
avail et son goût.

Je reviens, et je dis que ce serait manquer d'âme
de jugement, que de ne pas avouer combien la
ène française est au-dessus de la scène grecque,
ir l'art de la conduite, par l'invention, par les
autés de détail, qui sont sans nombre. Mais aussi
i serait bien partial et bien injuste de ne pas
mber d'accord que la galanterie a presque parut affaibli tous les avantages que nous avons
ailleurs. Il faut convenir que, d'environ quatre
nts tragédies qu'on a données au théâtre, depuis
i'il est en possession de quelque gloire en
rance, il n'y en a pas dix ou douze qui ne soient
ndées sur une intrigue d'amour, plus propre à
comédie qu'au genre tragique. C'est presque
ujours la même pièce, le même nœud, formé
ir une jalousie et une rupture, et dénoué par un
ariage : c'est une coquetterie continuelle, une
mple comédie, où des princes sont acteurs, et
ans laquelle il y a quelquefois du sang répandu
our la forme.

La plupart de ces pièces ressemblent si fort à
es comédies, que les acteurs étaient parvenus

depuis quelque temps à les réciter du ton dont ils jouent les pièces qu'on appelle du haut comique : ils ont par-là contribué à dégrader encore la tragédie : la pompe et la magnificence de la déclamation ont été mises en oubli. On s'est piqué de réciter des vers comme de la prose; on n'a pas considéré qu'un langage au-dessus du langage ordinaire doit être débité d'un ton au-dessus du ton familier. Et si quelques acteurs ne s'étaient heureusement corrigés de ces défauts, la tragédie ne serait bientôt parmi nous qu'une suite de conversations galantes froidement récitées; aussi n'y a-t-il pas encore long-temps que, parmi les acteurs de toutes les troupes, les principaux rôles dans la tragédie n'étaient connus que sous le nom de l'amoureux et de l'amoureuse. Si un étranger avait demandé dans Athènes : Quel est votre meilleur acteur pour les amoureux dans Iphigénie, dans Hécube, dans les Héraclides, dans OEdipe et dans Électre? on n'aurait pas même compris le sens d'une telle demande. La scène française s'est lavée de ce reproche par quelques tragédies où l'amour est une passion furieuse et terrible, et vraiment digne du théâtre, et par d'autres où le nom d'amour n'est pas même prononcé. Jamais l'amour n'a fait verser tant de larmes que la nature. Le cœur n'est qu'effleuré, pour l'ordinaire, des plaintes d'une amante; mais il est profondément attendri de la douloureuse situation d'une mère prête de perdre son fils : c'est donc assurément par condescendance pour son ami que Despréaux disait :

...... De l'amour la sensible peinture
Est, pour aller au cœur, la route la plus sure.

La route de la nature est cent fois plus sûre, comme plus noble : les morceaux les plus frappants d'Iphigénie sont ceux où Clytemnestre défend sa fille, et non pas ceux où Achille défend son amante.

On a voulu donner dans Sémiramis un spectacle encore plus pathétique que dans Mérope; on y a déployé tout l'appareil de l'ancien théâtre grec. Il serait triste, après que nos grands maîtres ont surpassé les Grecs en tant de choses dans la tragédie, que notre nation ne pût les égaler dans la dignité de leurs représentations. Un des plus grands obstacles qui s'opposent sur notre théâtre à toute action grande et pathétique, est la foule des spectateurs, confondue sur la scène avec les acteurs : cette indécence se fit sentir particulièrement à la première représentation de Sémiramis. La principale actrice de Londres, qui était présente à ce spectacle, ne revenait point de son étonnement; elle ne pouvait concevoir comment il y avait des hommes assez ennemis de leurs plaisirs pour gâter ainsi le spectacle sans en jouir. Cet abus a été corrigé dans la suite aux représentations de Sémiramis, et il pourrait aisément être supprimé pour jamais. Il ne faut pas s'y méprendre; un inconvénient, tel que celui-là seul, a suffi pour priver la France de beaucoup de chefs-d'œuvre, qu'on aurait sans doute hasardés, si on avait eu un théâtre libre, propre pour l'action, et tel qu'il est chez toutes les autres nations de l'Europe.

Mais ce grand défaut n'est pas assurément le seul qui doive être corrigé. Je ne puis assez m'étonner ni me plaindre du peu de soin qu'on a en France de rendre les théâtres dignes des excellents ouvrages qu'on y représente, et de la nation qui en fait ses délices. Cinna, Athalie, méritaient d'être représentés ailleurs que dans un jeu de paume, au bout duquel on a élevé quelques décorations du plus mauvais goût, et dans lequel les spectateurs sont placés, contre tout ordre et contre toute raison, les uns debout sur le théâtre même, les autres debout dans ce qu'on appelle *parterre*, où ils sont gênés et pressés indécemment, et où ils se précipitent quelquefois en tumulte les uns sur les autres, comme dans une sédition populaire. On représente au fond du Nord nos ouvrages dramatiques dans des salles mille fois plus magnifiques, mieux entendues, et avec beaucoup plus de décence.

Que nous sommes loin surtout de l'intelligence et du bon goût qui règnent en ce genre dans presque toutes vos villes d'Italie! Il est honteux de laisser subsister encore ces restes de barbarie dans une ville si grande, si peuplée, si opulente, et si polie. La dixième partie de ce que nous dépensons tous les jours en bagatelles, aussi magni-

jques qu'inutiles et peu durables, suffirait pour
élever des monuments publics en tous les genres,
pour rendre Paris aussi magnifique qu'il est riche
et peuplé, et pour l'égaler un jour à Rome, qui
est notre modèle en tant de choses. C'était un des
projets de l'immortel Colbert. J'ose me flatter
qu'on pardonnera cette petite digression à mon
amour pour les arts et pour ma patrie, et que
peut-être même un jour elle inspirera aux magistrats qui sont à la tête de cette ville la noble envie
d'imiter les magistrats d'Athènes et de Rome, et
ceux de l'Italie moderne.

Un théâtre construit selon les règles doit être
très vaste; il doit représenter une partie d'une
place publique, le péristyle d'un palais, l'entrée
d'un temple. Il doit être fait de sorte qu'un personnage, vu par les spectateurs, puisse ne l'être
point par les autres personnages, selon le besoin.
Il doit en imposer aux yeux, qu'il faut toujours
séduire les premiers. Il doit être susceptible de la
pompe la plus majestueuse. Tous les spectateurs
doivent voir et entendre également, en quelque
endroit qu'ils soient placés. Comment cela peut-il
s'exécuter sur une scène étroite, au milieu d'une
foule de jeunes gens qui laissent à peine dix pieds
de place aux acteurs? De là vient que la plupart
des pièces ne sont que de longues conversations;
toute action théâtrale est souvent manquée et ridicule. Cet abus subsiste, comme tant d'autres, par
la raison qu'il est établi, et parce qu'on jette rare-

ment sa maison par terre, quoiqu'on sache qu'elle
est mal tournée. Un abus public n'est jamais corrigé qu'à la dernière extrémité. Au reste, quand
je parle d'une action théâtrale, je parle d'un appareil, d'une cérémonie, d'une assemblée, d'un
évènement nécessaire à la pièce, et non pas de ces
vains spectacles plus puérils que pompeux, de
ces ressources du décorateur qui suppléent à la
stérilité du poëte, et qui amusent les yeux, quand
on ne sait pas parler aux oreilles et à l'âme. J'ai
vu à Londres une pièce où l'on représentait le
couronnement du roi d'Angleterre dans toute
l'exactitude possible. Un chevalier armé de toutes
pièces entrait à cheval sur le théâtre. J'ai quelquefois entendu dire à des étrangers : « Ah! le bel
« opéra que nous avons eu! on y voyait passer au
« galop plus de deux cents gardes. » Ces gens-là
ne savaient pas que quatre beaux vers valent
mieux dans une pièce qu'un régiment de cavalerie.
Nous avons à Paris une troupe comique étrangère
qui, ayant rarement de bons ouvrages à représenter, donne sur le théâtre des feux d'artifice. Il
y a long-temps qu'Horace, l'homme de l'antiquité
qui avait le plus de goût, a condamné ces sottises
qui leurrent le peuple.

Esseda festinant, pilenta, petorita, naves;
Captivum portatur ebur, captiva Corinthus.
Si foret in terris, rideret Democritus...
Spectaret populum ludis attentiùs ipsis.

TROISIÈME PARTIE.

De Sémiramis.

PAR tout ce que je viens d'avoir l'honneur de vous dire, monseigneur, vous voyez que c'était une entreprise assez hardie de représenter Sémiramis assemblant les ordres de l'État pour leur annoncer son mariage; l'ombre de Ninus sortant de son tombeau, pour prévenir un inceste, et pour venger sa mort; Sémiramis entrant dans ce mausolée, et en sortant expirante, et percée de la main de son fils. Il était à craindre que ce spectacle ne révoltât: et d'abord, en effet, la plupart de ceux qui fréquentent les spectacles, accoutumés à des élégies amoureuses, se liguèrent contre ce nouveau genre de tragédie. On dit qu'autrefois, dans une ville de la grande Grèce, on proposait des prix pour ceux qui inventeraient des plaisirs nouveaux. Ce fut ici tout le contraire. Mais quelques efforts qu'on ait faits pour faire tomber cette espèce de drame, vraiment terrible et tragique, on n'a pu y réussir; on disait et on écrivait de tous côtés que l'on ne croit plus aux revenants, et que les apparitions des morts ne peuvent être que puériles aux yeux d'une nation éclairée. Quoi! toute l'antiquité aura cru ces prodiges, et il ne sera pas permis de se conformer à l'antiquité? Quoi! notre religion aura consacré ces coups extraordinaires de la providence, et il serait ridicule de les renouveler?

Les Romains philosophes ne croyaient pas aux revenants du temps des empereurs, et cependant le jeune Pompée évoque une ombre dans la Pharsale. Les Anglais ne croient pas assurément plus que les Romains aux revenants; cependant ils voient tous les jours avec plaisir, dans la tragédie d'Hamlet, l'ombre d'un roi qui paraît sur le théâtre dans une occasion à peu près semblable à celle où l'on a vu à Paris le spectre de Ninus. Je suis bien loin assurément de justifier en tout la tragédie d'Hamlet; c'est une pièce grossière et barbare, qui ne serait pas supportée par la plus vile populace de la France et de l'Italie. Hamlet y devient fou au second acte, et sa maîtresse devient folle au troisième; le prince tue le père de sa maîtresse, feignant de tuer un rat, et l'héroïne se jette dans la rivière. On fait sa fosse sur le théâtre; des fossoyeurs disent des quolibets dignes d'eux, en tenant dans leurs mains des têtes de morts; le prince Hamlet répond à leurs grossièretés abominables par des folies non moins dégoûtantes. Pendant ce temps-là, un des acteurs fait la conquête de la Pologne. Hamlet, sa mère et son beau-père boivent ensemble sur le théâtre: on chante à table, on s'y querelle, on se bat, on se tue; on croirait que cet ouvrage est le fruit de l'imagination d'un sauvage ivre. Mais parmi ces irrégularités grossières qui rendent encore aujourd'hui le théâtre anglais si absurde et si barbare, on trouve dans Hamlet, par une bizarrerie encore plus grande des traits sublimes, dignes des plus grands génies. Il semble que la nature se soit plue à rassembler dans la tête de Shakespear ce qu'on peut imaginer de plus fort et de plus grand, avec ce que la grossièreté sans esprit peut avoir de plus bas et de plus détestable.

Il faut avouer que, parmi les beautés qui étincellent au milieu de ces terribles extravagances, l'ombre du père d'Hamlet est un des coups de théâtre les plus frappants. Il fait toujours un grand effet sur les Anglais, je dis sur ceux qui sont le plus instruits, et qui sentent le mieux toute l'irrégularité de leur ancien théâtre. Cette ombre inspire plus de terreur à la seule lecture que n'en fait naître l'apparition de Darius dans la tragédie d'Eschyle, intitulée les Perses. Pourquoi? parce que Darius, dans Eschyle, ne paraît que pour annoncer les malheurs de sa famille, au lieu que, dans Shakespear, l'ombre du père d'Hamlet vient demander vengeance, vient révéler des crimes secrets : elle n'est ni inutile, ni amenée par force; elle sert à convaincre qu'il y a un pouvoir invisible qui est le maître de la nature. Les hommes, qui ont tous un fonds de justice dans le cœur, souhaitent naturellement que le ciel s'intéresse à venger l'innocence : on verra avec plaisir, en tout temps et en tout pays, qu'un Être suprême s'occupe à punir les crimes de ceux que les hommes ne peuvent appeler en jugement; c'est une conso-

lation pour le faible, c'est un frein pour le pervet
qui est puissant.

> Du ciel, quand il le faut, la justice suprême
> Suspend l'ordre éternel établi par lui-même;
> Il permet à la mort d'interrompre ses lois,
> Pour l'effroi de la terre, et l'exemple des rois.

Voilà ce que dit à Sémiramis le pontife de Babylone, et ce que le successeur de Samuel aurait
pu dire à Saül quand l'ombre de Samuel vint lui
annoncer sa condamnation.

Je vais plus avant, et j'ose affirmer que, lorsqu'un tel prodige est annoncé dans le commence-
ment d'une tragédie, quand il est préparé, quand
on est parvenu enfin jusqu'au point de le rendre
nécessaire, de le faire désirer même par les spectateurs, il se place alors au rang des choses natu-
relles.

On sait bien que ces grands artifices ne doivent
pas être prodigués.

Nec deus intersit, nisi dignus vindice nodus.

Je ne voudrais pas assurément, à l'imitation d'Euripide, faire descendre Diane à la fin de la tragédie de Phèdre, ni Minerve dans l'Iphigénie en
Tauride. Je ne voudrais pas, comme Shakespear,
faire apparaître à Brutus son mauvais génie. Je
voudrais que de telles hardiesses ne fussent em-
ployées que quand elles servent à la fois à mettr
dans la pièce de l'intrigue et de la terreur : et je

voudrais surtout que l'intervention de ces êtres
surnaturels ne parût pas absolument nécessaire.
Je m'explique : si le nœud d'un poëme tragique
est tellement embrouillé qu'on ne puisse se tirer
d'embarras que par le secours d'un prodige, le
spectateur sent la gêne où l'auteur s'est mis, et la
faiblesse de la ressource : il ne voit qu'un écrivain
qui se tire maladroitement d'un mauvais pas. Plus
d'illusion, plus d'intérêt.

Quodcumque ostendis mihi sic, incredulus odi.

Mais je suppose que l'auteur d'une tragédie se
fût proposé pour but d'avertir les hommes que
Dieu punit quelquefois de grands crimes par des
voies extraordinaires ; je suppose que sa pièce fût
conduite avec un tel art, que le spectateur atten-
dît à tout moment l'ombre d'un prince assassiné
qui demande vengeance, sans que cette apparition
fût une ressource absolument nécessaire à une intrigue embarrassée : je dis qu'alors ce prodige,
bien ménagé, ferait un très grand effet en toute
langue, en tous temps et en tout pays.

Tel est à peu près l'artifice de la tragédie de
Sémiramis (aux beautés près, dont je n'ai pu l'or-
ner). On voit dès la première scène que tout doit
se faire par le ministère céleste ; tout roule d'acte
en acte sur cette idée. C'est un dieu vengeur qui
inspire à Sémiramis des remords, qu'elle n'eût
point eus dans ses prospérités, si les cris de Ninus
même ne fussent venus l'épouvanter au milieu de

ta gloire. C'est ce dieu qui se sert de ces remords
mêmes qu'il lui donne, pour préparer son châtiment; et c'est de là même que résulte l'instruction
qu'on peut tirer de la pièce. Les anciens avaient
souvent dans leurs ouvrages le but d'établir quelque grande maxime; ainsi Sophocle finit son
Œdipe en disant qu'il ne faut jamais appeler un
homme heureux avant sa mort. Ici toute la morale
de la pièce est renfermée dans ces vers :

> . . . .   Il est donc des forfaits
> Que le courroux des dieux ne pardonne jamais !

maxime bien autrement importante que celle de
Sophocle. Mais quelle instruction, dira-t-on, le
commun des hommes peut-il tirer d'un crime si
rare, et d'une punition plus rare encore ? J'avoue
que la catastrophe de Sémiramis n'arrivera pas
souvent; mais ce qui arrive tous les jours se trouve
dans les derniers vers de la pièce :

> . . . .   Apprenez tous du moins
> Que les crimes secrets ont les dieux pour témoins.

Il y a peu de familles sur la terre où l'on ne
puisse quelquefois s'appliquer ces vers; c'est par
là que les sujets tragiques les plus au-dessus des
fortunes communes ont les rapports les plus vrais
avec les mœurs de tous les hommes.

Je pourrais surtout appliquer à la tragédie de
Sémiramis la morale par laquelle Euripide finit
son Alceste, pièce dans laquelle le merveilleux

ègne bien davantage : « Que les dieux emploient des moyens étonnants pour exécuter leurs éternels décrets ! Que les grands évènements qu'ils ménagent surpassent les idées des mortels ! »

Enfin, monseigneur, c'est uniquement parce que cet ouvrage respire la morale la plus pure, et même la plus sévère, que je le présente à votre éminence. La véritable tragédie est l'école de la vertu ; et la seule différence qui soit entre le théâtre pur et les livres de morale, c'est que l'instruction se trouve dans la tragédie toute en action ; c'est qu'elle y est intéressante, et qu'elle se montre relevée des charmes d'un art qui ne fut inventé autrefois que pour instruire la terre et pour bénir le ciel, et qui, par cette raison, fut appelé le langage des dieux. Vous qui joignez ce grand art à tant d'autres, vous me pardonnez, sans doute, le long détail où je suis entré sur des choses qui n'avaient pas peut-être été encore tout-à-fait éclaircies, et qui le seraient si votre éminence daignait me communiquer ses lumières sur l'antiquité, dont elle a une si profonde connaissance.

PERSONNAGES.

SÉMIRAMIS, reine de Babylone.
ARZACE ou NINIAS, fils de Sémiramis.
AZEMA, princesse du sang de Bélus.
ASSUR, prince du sang de Bélus.
OROÈS, grand-prêtre.
OTANE, ministre attaché à Sémiramis.
MITRANE, ami d'Arzace.
CÉDAR, attaché à Assur.
Gardes, Mages, Esclaves, suite.

La scène est à Babylone.

SÉMIRAMIS,
TRAGÉDIE.

ACTE PREMIER.

(Le théâtre représente un vaste péristyle, au fond
duquel est le palais de Sémiramis. Les jardins
en terrasse sont élevés au-dessus du palais. Le
temple des mages est à droite, et un mausolée
à gauche, orné d'obélisques.)

SCÈNE I.

Deux esclaves portent une cassette dans le lointain.

ARZACE, MITRANE.

ARZACE.

Oui, Mitrane, en secret l'ordre émané du trône
Remet entre tes bras Arzace à Babylone.
Que la reine en ces lieux, brillants de sa splendeur,
De son puissant génie imprime la grandeur !
Quel art a pu former ces enceintes profondes
Où l'Euphrate égaré porte en tribut ses ondes;
Ce temple, ces jardins dans les airs soutenus;
Ce vaste mausolée où repose Ninus ?
Éternels monuments, moins admirables qu'elle !
C'est ici qu'à ses pieds Sémiramis m'appelle.

Les rois de l'Orient, loin d'elle prosternés,
N'ont point eu ces honneurs qui me sont destinés :
Je vais dans son éclat voir cette reine heureuse.

MITRANE.

La renommée, Arzace, est souvent bien trompeuse,
Et peut-être avec moi bientôt vous gémirez
Quand vous verrez de près ce que vous admirez.

ARZACE.

Comment?

MITRANE.

Sémiramis, à ses douleurs livrée,
Sème ici les chagrins dont elle est dévorée :
L'horreur qui l'épouvante est dans tous les esprit
Tantôt remplissant l'air de ses lugubres cris,
Tantôt morne, abattue, égarée, interdite,
De quelque dieu vengeur évitant la poursuite,
Elle tombe à genoux vers ces lieux retirés,
A la nuit, au silence, à la mort consacrés ;
Séjour où nul mortel n'osa jamais descendre,
Où de Ninus mon maître on conserve la cendre,
Elle approche à pas lents, l'air sombre, intimidé,
Et se frappant le sein de ses pleurs inondé.
A travers les horreurs d'un silence farouche,
Les noms de fils, d'époux, échappent de sa bouche,
Elle invoque les dieux ; mais les dieux irrités
Ont corrompu le cours de ses prospérités.

ARZACE.

Quelle est d'un tel état l'origine imprévue?

MITRANE.

L'effet en est affreux, la cause est inconnue.

ARZACE.

Et depuis quand les dieux l'accablent-ils ainsi?

MITRANE.

Depuis qu'elle ordonna que vous vinssiez ici.

ARZACE.

Moi ?

MITRANE.

Vous : ce fut, seigneur, au milieu de ces fêtes,
Quand Babylone en feu célébrait vos conquêtes;
Lorsqu'on vit déployer ces drapeaux suspendus,
Monuments des États à vos armes rendus ;
Lorsqu'avec tant d'éclat l'Euphrate vit paraître
Cette jeune Azéma, la nièce de mon maître,
Ce pur sang de Bélus et de nos souverains,
Qu'aux Scythes ravisseurs ont arraché vos mains :
Ce trône a vu flétrir sa majesté suprême,
Dans des jours de triomphe, au sein du bonheur même.

ARZACE.

Azéma n'a point part à ce trouble odieux ;
Un seul de ses regards adoucirait les dieux ;
Azéma d'un malheur ne peut être la cause.
Mais de tout, cependant, Sémiramis dispose ;
Son cœur en ces horreurs n'est pas toujours plongé ?

MITRANE.

De ces chagrins mortels son esprit dégagé
Souvent reprend sa force et sa splendeur première.
J'y revois tous les traits de cette ame si fière,
A qui les plus grands rois, sur la terre adorés,
Même par leurs flatteurs ne sont pas comparés.
Mais lorsque, succombant au mal qui la déchire
Ses mains laissent flotter les rênes de l'empire,
Alors le fier Assur, ce satrape insolent,
Fait gémir le palais sous son joug accablant.
Ce secret de l'État, cette honte du trône.

N'ont point encor percé les murs de Babylone.
Ailleurs on nous envie, ici nous gémissons.

ARZACE.

Pour les faibles humains quelles hautes leçons!
Que partout le bonheur est mêlé d'amertume!
Qu'un trouble aussi cruel m'agite et me consume
Privé de ce mortel, dont les yeux éclairés
Auraient conduit mes pas à la cour égarés,
Accusant le destin qui m'a ravi mon père,
En proie aux passions d'un âge téméraire,
A mes vœux orgueilleux sans guide abandonné,
De quels écueils nouveaux je marche environné!

MITRANE.

J'ai pleuré comme vous ce vieillard vénérable;
Phradate m'était cher, et sa perte m'accable :
Hélas! Ninus l'aimait; il lui donna son fils;
Ninias, notre espoir, à ses mains fut remis.
Un même jour ravit et le fils et le père;
Il s'imposa dès-lors un exil volontaire;
Mais enfin son exil a fait votre grandeur.
Élevé près de lui dans les champs de l'honneur,
Vous avez à l'empire ajouté des provinces;
Et, placé par la gloire au rang des plus grands princes,
Vous êtes devenu l'ouvrage de vos mains.

ARZACE.

Je ne sais en ces lieux quels seront mes destins.
Aux plaines d'Arbazan quelques succès peut-être,
Quelques travaux heureux m'ont assez fait connaître ;
Et quand Sémiramis, aux rives de l'Oxus,
Vint imposer des lois à cent peuples vaincus,
Elle laissa tomber de son char de victoire
Sur mon front jeune encore un rayon de sa gloire ;

Mais souvent dans les camps un soldat honoré
Rampe à la cour des rois, et languit ignoré.
Mon père, en expirant, me dit que ma fortune
Dépendait en ces lieux de la cause commune.
Il remit dans mes mains ces gages précieux,
Qu'il conserva toujours loin des profanes yeux :
Je dois les déposer dans les mains du grand-prêtre ;
Lui seul doit en juger, lui seul doit les connaître ;
Sur mon sort, en secret, je dois le consulter ;
A Sémiramis même il peut me présenter.

MITHANE.

Rarement il l'approche ; obscur et solitaire,
Renfermé dans les soins de son saint ministère,
Sans vaine ambition, sans crainte, sans détour,
On le voit dans son temple, et jamais à la cour.
Il n'a point affecté l'orgueil du rang suprême,
Ni placé sa tiare auprès du diadème.
Moins il veut être grand, plus il est révéré.
Quelque accès m'est ouvert en ce séjour sacré ;
Je puis même en secret lui parler à cette heure.
Vous le verrez ici, non loin de sa demeure,
Avant qu'un jour plus grand vienne éclairer nos yeux.

SCÈNE II.

ARZACE, seul.

Eh ! quelle est donc sur moi la volonté des dieux ?
Que me réservent-ils ? et d'où vient que mon père
M'envoie, en expirant, au pied du sanctuaire,
Moi soldat, moi nourri dans l'horreur des combats,
Moi qu'enfin l'amour seul entraîne sur ses pas ?

Aux dieux des Chaldéens quel service ai-je à rendre ?
Mais quelle voix plaintive ici se fait entendre ?
(On entend des gémissements sortir du fond du tom-
beau, où l'on suppose qu'ils sont entendus.)
Du fond de cette tombe un cri lugubre, affreux,
Sur mon front pâlissant fait dresser mes cheveux ;
De Ninus, m'a-t-on dit, l'ombre en ces lieux habite...
Les cris ont redoublé ; mon âme est interdite.
Séjour sombre et sacré, mânes de ce grand roi,
Voix puissante des dieux, que voulez-vous de moi ?

SCÈNE III.

ARZACE, LE GRAND MAGE OROÈS, SUITE DE MAGES, MITRANE.

MITRANE, *au mage Oroès.*

Oui, seigneur, en vos mains Arzace ici doit rendre
Ces monuments secrets que vous semblez attendre.

ARZACE.

Du dieu des Chaldéens pontife redouté,
Permettez qu'un guerrier, à vos yeux présenté,
Apporte à vos genoux la volonté dernière
D'un père à qui mes mains ont fermé la paupière.
Vous daignâtes l'aimer.

OROÈS.

                    Jeune et brave mortel,
D'un dieu qui conduit tout le décret éternel
Vous amène à mes yeux plus que l'ordre d'un père.
De Phradate à jamais la mémoire m'est chère :
Son fils me l'est encor plus que vous ne croyez.
Ces gages précieux, par son ordre envoyés,
Où sont-ils ?

ARZACE.

Les voici.

(Les esclaves donnent le coffre aux mages, qui le
posent sur un autel.)

OROÈS, *ouvrant le coffre, et se penchant avec respect*
et avec douleur.

　　　　　C'est donc vous que je touche,
Restes chers et sacrés, je vous vois, et ma bouche
Presse, avec des sanglots, ces tristes monuments
Qui, m'arrachant des pleurs, attestent mes serments !
Que l'on nous laisse seuls ; allez : et vous, Mitrane,
De ce secret mystère écartez tout profane.

　　　　　(Les mages se retirent.)
Voici ce même sceau dont Ninus autrefois
Transmit aux nations l'empreinte de ses lois :
Le la vois, cette lettre à jamais effrayante,
Que, prête à se glacer, traça sa main mourante.
Adorez ce bandeau dont il fut couronné :
A venger son trépas ce fer est destiné,
Ce fer qui subjugua la Perse et la Médie,
Inutile instrument contre la perfidie,
Contre un poison trop sûr, dont les mortels apprêts...

ARZACE.

Ciel ! que m'apprenez-vous ?

OROÈS.

　　　　　Ces horribles secrets
Sont encor demeurés dans une nuit profonde.
Au sein de ce sépulcre, inaccessible au monde,
Les mânes de Ninus et les dieux outragés
Ont élevé leurs voix, et ne sont point vengés.

ARZACE.

Jugez de quelle horreur j'ai dû sentir l'atteinte.

Ici même, et du fond de cette auguste enceinte,
D'affreux gémissements sont vers moi parvenus.

OROÈS.

Ces accents de la mort sont la voix de Ninus.

ARZACE.

Deux fois à mon oreille ils se sont fait entendre.

OROÈS.

Ils demandent vengeance.

ARZACE.

Il a droit de l'attendre.

Mais de qui?

OROÈS.

Les cruels dont les coupables mains
Du plus juste des rois ont privé les humains,
Ont de leurs trahisons caché la trame impie;
Dans la nuit de la tombe elle est ensevelie.
Aisément des mortels ils ont séduit les yeux;
Mais on ne peut tromper l'œil vigilant des dieux;
Des plus obscurs complots il perce les abîmes.

ARZACE.

Ah! si ma faible main pouvait punir ces crimes!
Je ne sais; mais l'aspect de ce fatal tombeau
Dans mes sens étonnés porte un trouble nouveau.
Ne puis-je y consulter ce roi qu'on y révère?

OROÈS.

Non : le ciel le défend; un oracle sévère
Nous interdit l'accès de ce séjour de pleurs
Habité par la mort et par des dieux vengeurs.
Attendez avec moi le jour de la justice :
Il est temps qu'il arrive, et que tout s'accomplisse.
Je n'en puis dire plus; des pervers éloigné,
Je lève en paix mes mains vers le ciel indigné.

Sur ce grand intérêt, qui peut-être vous touche,
Ce ciel, quand il lui plaît, ouvre et ferme ma bouche.
J'ai dit ce que j'ai dû ; tremblez qu'en ces remparts
Une parole, un geste, un seul de vos regards,
Ne trahisse un secret que mon dieu vous confie.
Il y va de sa gloire, et du sort de l'Asie ;
Il y va de vos jours. Vous, mages, approchez ;
Que ces chers monuments sous l'autel soient cachés.
(La grande porte du palais s'ouvre et se remplit de
gardes. Assur paraît avec sa suite d'un autre côté.)
Déja le palais s'ouvre ; on entre chez la reine :
Vous voyez cet Assur, dont la grandeur hautaine
Traîne ici sur ses pas un peuple de flatteurs.
A qui, dieu tout-puissant, donnez-vous les grandeurs ?
O monstre.

ARZACE.

Quoi, seigneur !

OROÈS.

Adieu. Quand la nuit sombre
Sur ces coupables murs viendra jeter son ombre,
Je pourrai vous parler en présence des dieux.
Redoutez-les, Arzace, ils ont sur vous les yeux.

SCÈNE IV.

ARZACE *sur le devant du théâtre, avec* MITRANE,
qui reste auprès de lui ; ASSUR *vers un des côtés,*
avec CÉDAR *et sa suite.*

ARZACE

DE tout ce qu'il m'a dit que mon âme est émue !
Quels crimes ! quelle cour ! et qu'elle est peu connue !
Quoi ! Ninus, quoi ! mon maître est mort empoisonné !
Et je ne vois que trop qu'Assur est soupçonné.

MITRANE, *approchant d'Arzace.*

Des rois de Babylone Assur tient sa naissance ;
Sa fière autorité veut de la déférence :
La reine le ménage, ou craint de l'offenser ;
Et l'on peut, sans rougir, devant lui s'abaisser.

ARZACE.

Devant lui ?

ASSUR, *dans l'enfoncement, à Cédar.*

Me trompé-je ? Arzace à Babylone !
Sans mon ordre ! qui ? lui ! tant d'audace m'étonne.

ARZACE.

Quel orgueil !

ASSUR.

Approchez : quels intérêts nouveaux
Vous font abandonner vos camps et vos drapeaux ?
Des rives de l'Oxus quel sujet vous amène ?

ARZACE.

Mes services, seigneur, et l'ordre de la reine.

ASSUR.

Quoi ! la reine vous mande ?

ARZACE

Ou

ASSUR.

Mais savez-vous bien
Que pour avoir son ordre on demande le mien ?

ARZACE.

Je l'ignorais, seigneur, et j'aurais pensé même
Blesser, en le croyant, l'honneur du diadème.
Pardonnez, un soldat est mauvais courtisan.
Nourri dans la Scythie, aux plaines d'Arbazan,
J'ai pu servir la cour, et non pas la connaître.

ASSUR.

ge, le temps, les lieux, vous l'apprendront peut-être;
is ici par moi seul au pied du trône admis,
e venez-vous chercher près de Sémiramis?

ARZACE.

se lui demander le prix de mon courage,
ionneur de la servir.

ASSUR.

Vous osez davantage.
us ne m'expliquez pas vos vœux présomptueux :
sais pour Azéma vos desseins et vos feux.

ARZACE.

l'adore, sans doute, et son cœur où j'aspire
: d'un prix à mes yeux au-dessus de l'empire
mes profonds respects, mon amour...

ASSUR.

Arrêtez
us ne connaissez pas à qui vous insultez.
li, vous! associer la race d'un Sarmate
sang des demi-dieux du Tigre et de l'Euphrate?
veux bien par pitié vous donner un avis :
vous osez porter jusqu'à Sémiramis
njurieux aveu que vous osez me faire,
us m'avez entendu, frémissez, téméraire ;
s droits impunément ne sont pas offensés.

ARZACE.

cours de ce pas même, et vous m'enhardissez :
st l'effet que sur moi fit toujours la menace.
tels que soient en ces lieux les droits de votre place,
us n'avez pas celui d'outrager un soldat
li servit et la reine, et vous-même, et l'État,

Je vous parais hardi ; mon feu peut vous déplaire :
Mais vous me paraissez cent fois plus téméraire,
Vous qui, sous votre joug prétendant m'accabler,
Vous croyez assez grand pour me faire trembler.

ASSUR.

Pour vous punir peut-être ; et je vais vous apprendre
Quel prix de tant d'audace un sujet doit attendre.

ARZACE.

Tous deux nous l'apprendrons.

SCÈNE V

SÉMIRAMIS *paraît dans le fond, appuyée sur se:*
femmes ; OTANE, *son confident, va au-devant*
d'Assur. ASSUR, ARZACE, MITRANE.

OTANE.

                    SEIGNEUR, quittez ces lieux.
La reine en ce moment se cache à tous les yeux ;
Respectez les douleurs de son âme éperdue.
Dieux, retirez la main sur sa tête éperdue.

ARZACE.

Que je la plains !

               ASSUR, *à l'un des siens.*

               Sortons ; et, sans plus consulter,
De ce trouble inouï songeons à profiter.
        (*Sémiramis avance sur la scène.*)
        OTANE, *revenant à Sémiramis.*
O reine, rappelez votre force première ;
Que vos yeux, sans horreur, s'ouvrent à la lumière.

SÉMIRAMIS.

O voiles de la mort, quand viendrez-vous couvrir
Mes yeux remplis de pleurs, et lassés de s'ouvrir ?

(Elle marche éperdue sur la scène, croyant voir l'ombre de Ninus.)

Abîmes, fermez-vous ; fantôme horrible, arrête :
Frappe, ou cesse à la fin de menacer ma tête.
Arzace est-il venu ?

OTANE.

Madame, en cette cour,
Arzace auprès du temple a devancé le jour.

SÉMIRAMIS.

Cette voix formidable, infernale, ou céleste,
Qui dans l'ombre des nuits pousse un cri si funeste,
M'avertit que le jour qu'Arzace doit venir,
Mes douloureux tourments seront prêts à finir.

OTANE.

Au sein de ces horreurs goûtez donc quelque joie :
Espérez dans ces dieux dont le bras se déploie.

SÉMIRAMIS.

Arzace est dans ma cour !.. Ah ! je sens qu'à son nom
L'horreur de mon forfait trouble moins ma raison.

OTANE.

Perdez-en pour jamais l'importune mémoire ;
Que de Sémiramis les beaux jours pleins de gloire
Effacent ce moment heureux ou malheureux
Qui d'un fatal hymen brisa le joug affreux.
Ninus en vous chassant de son lit et du trône,
En vous perdant, madame, eût perdu Babylone.
Pour le bien des mortels vous prévintes ses coups ;
Babylone et la terre avaient besoin de vous :
Et quinze ans de vertus et de travaux utiles,
Les arides déserts par vous rendus fertiles,
Les sauvages humains soumis au frein des lois
Les arts dans nos cités naissant à votre voix,

6

Ces hardis monuments que l'univers admire,
Les acclamations de ce puissant empire,
Sont autant de témoins, dont le cri glorieux
A déposé pour vous au tribunal des dieux.
Enfin, si leur justice emportait la balance,
Si la mort de Ninus excitait leur vengeance,
D'où vient qu'Assur ici brave en paix leur courroux ?
Assur fut en effet plus coupable que vous ;
Sa main, qui prépara le breuvage homicide,
Ne tremble point pourtant, et rien ne l'intimide.

SÉMIRAMIS.

Nos destins, nos devoirs étaient trop différents ;
Plus les nœuds sont sacrés, plus les crimes sont grands.
J'étais épouse, Otane, et je suis sans excuse ;
Devant les dieux vengeurs mon désespoir m'accuse.
J'avais cru que ces dieux justement offensés,
En m'arrachant mon fils, m'avaient punie assez ;
Que tant d'heureux travaux rendaient mon diadème,
Ainsi qu'au monde entier, respectable au ciel même.
Mais depuis quelques mois ce spectre furieux
Vient affliger mon cœur, mon oreille, mes yeux.
Je me traîne à la tombe, où je ne puis descendre ;
J'y révère de loin cette fatale cendre ;
Je l'invoque en tremblant : des sons, des cris affreux,
De longs gémissements répondent à mes vœux.
D'un grand événement je me vois avertie,
Et peut-être il est temps que le crime s'expie.

OTANE.

Mais est-il assuré que ce spectre fatal
Soit en effet sorti du séjour infernal ?
Souvent de ses erreurs notre âme est obsédée ;
De son ouvrage même elle est intimidée,

Croit voir ce qu'elle craint, et, dans l'horreur des nuits,
Voit enfin les objets qu'elle-même a produits.

SÉMIRAMIS.

Je l'ai vu ; ce n'est point une erreur passagère
Qu'enfante du sommeil la vapeur mensongère ;
Le sommeil, à mes yeux refusant ses douceurs,
N'a point sur mes esprits répandu ses erreurs.
Je veillais, je pensais au sort qui me menace,
Lorsqu'au bord de mon lit j'entends nommer Arzace.
Ce nom me rassurait : tu sais quel est mon cœur ;
Assur depuis un temps l'a pénétré d'horreur.
Je frémis quand il faut ménager mon complice :
Rougir devant ses yeux est mon premier supplice,
Et je déteste en lui cet avantage affreux,
Que lui donne un forfait qui nous unit tous deux.
Je voudrais... mais faut-il, dans l'état qui m'opprime,
Par un crime nouveau punir sur lui mon crime ?
Je demandais Arzace, afin de l'opposer
Au complice odieux qui pense m'imposer ;
Je m'occupais d'Arzace, et j'étais moins troublée.
Dans ces moments de paix, qui m'avaient consolée,
Ce ministre de mort a reparu soudain
Tout dégouttant de sang, et le glaive à la main :
Je crois le voir encor, je crois encor l'entendre.
Vient-il pour me punir ? vient-il pour me défendre ?
Arzace au moment même arrivait dans ma cour ;
Le ciel à mon repos a réservé ce jour :
Cependant toute en proie au trouble qui me tue,
La paix ne rentre point dans mon âme abattue.
Je passe à tout moment de l'espoir à l'effroi.
Le fardeau de la vie est trop pesant pour moi.

Mon trône m'importune, et ma gloire passée
N'est qu'un nouveau tourment de ma triste pensée.
J'ai nourri mes chagrins sans les manifester ;
Ma peur m'a fait rougir. J'ai craint de consulter
Ce mage révéré que chérit Babylone,
D'avilir devant lui la majesté du trône,
De montrer une fois en présence du ciel
Sémiramis tremblante aux regards d'un mortel.
Mais j'ai fait en secret, moins fière ou plus hardie,
Consulter Jupiter aux sables de Libye ;
Comme si, loin de nous, le dieu de l'univers
N'eût mis la vérité qu'au fond de ces déserts.
Le dieu qui s'est caché dans cette sombre enceinte
A reçu dès long-temps mon hommage et ma crainte ;
J'ai comblé ses autels et de dons et d'encens.
Répare-t-on le crime, hélas, par des présents ?
De Memphis aujourd'hui j'attends une réponse.

SCÈNE VI.

SÉMIRAMIS, OTANE, MITRANE.

MITRANE.

Aux portes du palais en secret on annonce
Un prêtre de l'Égypte, arrivé de Memphis.

SÉMIRAMIS.

Je verrai donc mes maux ou comblés ou finis.
Allons ; cachons surtout au reste de l'empire
Le trouble humiliant dont l'horreur me déchire ;
Et qu'Arzace, à l'instant à mon ordre rendu,
Puisse apporter le calme à ce cœur éperdu.

FIN DU PREMIER ACTE.

ACTE SECOND.

SCÈNE I.

ARZACE, AZÉMA.

AZÉMA.

ARZACE, écoutez-moi ; cet empire indomté
Vous doit son nouveau lustre, et moi, ma liberté.
Quand les Scythes vaincus, réparant leurs défaites,
S'élancèrent sur nous de leurs vastes retraites,
Quand mon père en tombant me laissa dans leurs fers
Vous seul, portant la foudre au fond de leurs déserts,
Brisâtes mes liens, remplîtes ma vengeance.
Je vous dois tout ; mon cœur en est la récompense :
Je ne serai qu'à vous. Mais notre amour nous perd.
Votre cœur généreux, trop simple et trop ouvert,
A cru qu'en cette cour, ainsi qu'en votre armée,
Suivi de vos exploits et de la renommée,
Vous pouviez déployer, sincère impunément,
La fierté d'un héros, et le cœur d'un amant.
Vous outragez Assur, vous devez le connaître ;
Vous ne pouvez le perdre, il menace, il est maître ;
Il abuse en ces lieux de son pouvoir fatal ;
Il est inexorable... il est votre rival.

ARZACE.

Il vous aime ! qui ? lui !

AZÉMA.

Ce cœur sombre et farouche,
Qui hait toute vertu, qu'aucun charme ne touche.

6.

'Ambitieux esclave, et tyran tour à tour,
S'est-il flatté de plaire, et connaît-il l'amour ?
Des rois assyriens comme lui descendue,
Et plus près de ce trône où je suis attendue;
Il pense, en m'immolant à ses secrets desseins,
Appuyer de mes droits ses droits trop incertains.
Pour moi, si Ninias, à qui, dès sa naissance,
Ninus m'avait donnée aux jours de mon enfance;
Si l'héritier du sceptre à moi seule promis
Voyait encor le jour près de Sémiramis;
S'il me donnait son cœur avec le rang suprême,
J'en atteste l'amour, j'en jure par vous-même,
Ninias me verrait préférer aujourd'hui
Un exil avec vous, à ce trône avec lui.
Les campagnes du Scythe, et ses climats stériles,
Pleins de votre grand nom, sont d'assez doux asiles;
Le sein de ces déserts, où naquit notre amour,
Est pour moi Babylone, et deviendra ma cour.
Peut-être l'ennemi que cet amour outrage
A ce doux châtiment ne borne point sa rage.
J'ai démêlé son âme, et j'en vois la noirceur;
Le crime, ou je me trompe, étonne peu son cœur.
Votre gloire déjà lui fait assez d'ombrage;
Il vous craint, il vous hait.

ARZACE.

                    Je le hais davantage;
Mais je ne le crains pas, étant aimé de vous.
Conservez vos bontés, je brave son courroux.
La reine entre nous deux tient au moins la balance,
Je me suis vu d'abord admis en sa présence;
Elle m'a fait sentir, à ce premier accueil;
Autant d'humanité qu'Assur avait d'orgueil:

Et relevant mon front, prosterné vers son trône,
M'a vingt fois appelé l'appui de Babylone.
Je m'entendais flatter de cette auguste voix
Dont tant de souverains ont adoré les lois ;
Je la voyais franchir cet immense intervalle
Qu'a mis entre elle et moi la majesté royale :
Que j'en étais touché ! qu'elle était à mes yeux
La mortelle, après vous, la plus semblable aux dieux !

                    AZÉMA.

Si la reine est pour nous, Assur en vain menace :
Je ne crains rien.

                    ARZACE.

          J'allais, plein d'une noble audace,
Mettre à ses pieds mes vœux jusqu'à vous élevés,
Qui révoltent Assur, et que vous approuvez.
Un prêtre de l'Égypte approche au moment même,
Des oracles d'Ammon portant l'ordre suprême.
Elle ouvre le billet d'une tremblante main,
Fixe les yeux sur moi, les détourne soudain,
Laisse couler des pleurs, interdite, éperdue,
Me regarde, soupire, et s'échappe à ma vue.
On dit qu'au désespoir son grand cœur est réduit,
Que la terreur l'accable, et qu'un dieu la poursuit.
Je m'attendris sur elle ; et je ne puis comprendre
Qu'après plus de quinze ans, soigneux de la défendre,
Le ciel la persécute, et paraisse outragé.
Qu'a-t-elle fait aux dieux ? d'où vient qu'ils ont changé ?

                    AZÉMA.

On ne parle en effet que d'augures funestes ;
De mânes en courroux, de vengeances célestes.
Sémiramis troublée a semblé quelques jours
Des soins de son empire abandonner le cours ;

Et j'ai tremblé qu'Assur, en ces jours de tristesse,
Du palais effrayé n'accablât la faiblesse.
Mais la reine a paru, tout s'est calmé soudain;
Tout a senti le poids du pouvoir souverain.
Si déja de la cour mes yeux ont quelque usage,
La reine hait Assur, l'observe, le ménage :
Ils se craignent l'un l'autre; et, tout près d'éclater,
Quelque intérêt secret semble les arrêter.
J'ai vu Sémiramis à son nom courroucée ;
La rougeur de son front trahissait sa pensée;
Son cœur paraissait plein d'un long ressentiment :
Mais souvent à la cour tout change en un moment.
Retournez, et parlez.

ARZACE.

J'obéis ; mais j'ignore
Si je puis à son trône être introduit encore.

AZÉMA.

Ma voix secondera vos vœux et votre espoir;
Je fais de vous aimer ma gloire et mon devoir.
Que de Sémiramis on adore l'empire,
Que l'Orient vaincu la respecte et l'admire,
Dans mon triomphe heureux j'envierai peu les siens.
Le monde est à ses pieds, mais Arzace est aux miens.
Allez. Assur paraît.

ARZACE.

Qui? ce traitre? à sa vue
D'une invincible horreur je sens mon âme emue.

SCÈNE II.

ASSUR, CÉDAR, ARZACE, AZÉMA.

ASSUR, *à Cédar.*

VA, dis-je, et vois enfin si les temps sont venus
De lui porter des coups trop long-temps retenus.
      (*Cédar sort.*)
Quoi ! je le vois encore ! il brave encor ma haine !

ARZACE.

Vous voyez un sujet protégé par sa reine.

ASSUR.

Elle a daigné vous voir : mais vous a-t-elle appris
De l'orgueil d'un sujet quel est le digne prix ?
Savez-vous qu'Azéma, la fille de vos maîtres,
Ne doit unir son sang qu'au sang de ses ancêtres ?
Et que de Ninias épouse en son berceau...

ARZACE.

Je sais que Ninias, seigneur, est au tombeau,
Que son père avec lui mourut d'un coup funeste ;
Il me suffit.

ASSUR.

      Eh bien ! apprenez donc le reste.
Sachez que de Ninus le droit m'est assuré,
Qu'entre son trône et moi je ne vois qu'un degré ;
Que la reine m'écoute, et souvent sacrifie
A mes justes conseils un sujet qui s'oublie,
Et que tous vos respects ne pourront effacer
Les téméraires vœux qui m'osaient offenser.

ARZACE.

Instruit à respecter le sang qui vous fit naître,
Sans redouter en vous l'autorité d'un maître,

Je sais ce qu'on vous doit, surtout en ces climats,
Et je m'en souviendrais, si vous n'en parliez pas.
Vos aïeux, dont Bélus a fondé la noblesse,
Sont votre premier droit au cœur de la princesse;
Vos intérêts présents, le soin de l'avenir,
Le besoin de l'État, tout semble vous tenir.
Moi, contre tant de droits, qu'il me faut reconnaître,
J'ose en opposer un qui les vaut tous peut-être :
J'aime; et j'ajouterais, seigneur, que mon secours
A vengé ses malheurs, à défendu ses jours,
A soutenu ce trône où son destin l'appelle;
Si j'osais, comme vous, me vanter devant elle.
Je vais remplir son ordre à mon zèle commis;
Je n'en reçois que d'elle, et de Sémiramis.
L'État peut quelque jour être en votre puissance;
Le ciel donne souvent des rois dans sa vengeance :
Mais il vous trompe au moins dans l'un de vos projets,
Si vous comptez Arzace au rang de vos sujets.

ASSUR.

Tu combles la mesure; et tu cours à ta perte.

SCÈNE III.

ASSUR, AZÉMA.

ASSUR.

MADAME, son audace est trop long-temps soufferte.
Mais puis-je en liberté m'expliquer avec vous
Sur un sujet plus noble et plus digne de nous

AZÉMA.

En est-il? mais parlez.

ASSUR.

Bientôt l'Asie entière
Sous vos pas et les miens ouvre une autre carrière :

Les faibles intérêts doivent peu nous frapper ;
L'univers nous appelle, et va nous occuper.
Sémiramis n'est plus que l'ombre d'elle-même ;
Le ciel semble abaisser cette grandeur suprême :
Cet astre si brillant, si long-temps respecté,
Penche vers son déclin, sans force et sans clarté.
On le voit, on murmure, et déja Babylone
Demande à haute voix un héritier du trône.
Ce mot en dit assez, vous connaissez mes droits :
Ce n'est point à l'amour à nous donner des rois.
Non qu'à tant de beautés mon âme inaccessible
Se fasse une vertu de paraître insensible ;
Mais pour vous et pour moi j'aurais trop à rougir
Si le sort de l'État dépendait d'un soupir :
Un sentiment plus digne et de l'un et de l'autre
Doit gouverner mon sort, et commander au vôtre.
Vos aïeux sont les miens, et nous les trahissons
Nous perdons l'univers, si nous nous divisons.
Ne puis vous étonner ; cet austère langage
Farouche aisément les grâces de votre âge ;
Mais je parle aux héros, aux rois dont vous sortez,
A tous ces demi-dieux que vous représentez.
Long-temps, foulant aux pieds leur grandeur et leur cendre,
Usurpant un pouvoir où nous devons prétendre,
Donnant aux nations ou des lois, ou des fers,
Une femme imposa silence à l'univers.
De sa grandeur qui tombe affermissez l'ouvrage ;
Vous eut votre beauté, possédez son courage.
L'amour à vos genoux ne doit se présenter
Que pour vous rendre un sceptre, et non pour vous l'ôter.
C'est ma main qui vous l'offre, et du moins je me flatte
Que vous n'immolez pas à l'amour d'un Sarmate

La majesté d'un nom qu'il vous faut respecter,
Et le trône du monde où vous devez monter.

AZÉMA.

Reposez-vous sur moi, sans insulter Arzace,
Du soin de maintenir la splendeur de ma race.
Je défendrai surtout, quand il en sera temps,
Les droits que m'ont transmis les rois dont je descends.
Je connais nos aïeux ; mais après tout j'ignore
Si parmi ces héros que l'Assyrie adore,
Il en est un plus grand, plus chéri des humains,
Que ce même Sarmate, objet de vos dédains.
Aux vertus, croyez-moi, rendez plus de justice.
Pour moi, quand il faudra que l'hymen m'asservisse,
C'est à Sémiramis à faire mes destins ;
Et j'attendrai, seigneur, un maître de ses mains.
J'écoute peu ces bruits que le peuple répète,
Échos tumultueux d'une voix plus secrète.
J'ignore si vos chefs, aux révoltes poussés,
De servir une femme en secret sont lassés ;
Je les vois à ses pieds baisser leur tête altière ;
Ils peuvent murmurer, mais c'est dans la poussière.
Les dieux, dit-on, sur elle ont étendu leur bras :
J'ignore son offense, et je ne pense pas,
Si le ciel a parlé, seigneur, qu'il vous choisisse
Pour annoncer son ordre, et servir sa justice.
Elle règne, en un mot. Et vous qui gouvernez,
Vous prenez à ses pieds les lois que vous donnez ;
Je ne connais ici que son pouvoir suprême :
Ma gloire est d'obéir ; obéissez de même.

SCÈNE · IV.

ASSUR, CÉDAR.

ASSUR.

OBÉIR ! ah ! ce mot fait trop rougir mon front ;
J'en ai trop dévoré l'insupportable affront.
Parle, as-tu réussi ? Ces semences de haine,
Que nos soins en secret cultivaient avec peine,
Pourront-elles porter, au gré de ma fureur,
Les fruits que j'en attends de discorde et d'horreur ?

CÉDAR.

J'ose espérer beaucoup. Le peuple enfin commence
A sortir du respect, et de ce long silence
Où le nom, les exploits, l'art de Sémiramis,
Ont enchaîné les cœurs étonnés et soumis.
On veut un successeur au trône d'Assyrie ;
Et quiconque, seigneur, aime encor la patrie,
Ou qui, gagné par moi, se vante de l'aimer,
Dit qu'il nous faut un maître, et qu'il faut vous nommer.

ASSUR.

Chagrins toujours cuisants ! honte toujours nouvelle !
Quoi ! ma gloire, mon rang, mon destin dépend d'elle !
Quoi ! j'aurais fait mourir et Ninus et son fils,
Pour ramper le premier devant Sémiramis,
Pour languir, dans l'éclat d'une illustre disgrace,
Près du trône du monde à la seconde place !
La reine se bornait à la mort d'un époux ;
Mais j'étendis plus loin ma fureur et mes coups :
Ninias, en secret privé de la lumière,
Du trône où j'aspirais m'entr'ouvrait la barrièr

Quand sa puissante main la ferma sous mes pas.
C'est en vain que, flattant l'orgueil de ses appas,
J'avais cru chaque jour prendre sur sa jeunesse
Cet heureux ascendant que les soins, la souplesse
L'attention, le temps, savent si bien donner
Sur un cœur sans dessein, facile à gouverner.
Je connus mal cette âme, inflexible et profonde:
Rien ne la put toucher que l'empire du monde.
Elle en parut trop digne, il le faut avouer:
Je suis dans mes fureurs contraint à la louer.
Je la vis retenir dans ses mains assurées
De l'État chancelant les rênes égarées,
Apaiser le murmure, étouffer les complots,
Gouverner en monarque, et combattre en héros.
Je la vis captiver et le peuple et l'armée.
Ce grand art d'imposer même à la renommée
Fut l'art qui sous son joug enchaîna les esprits:
L'univers à ses pieds demeure encor surpris.
Que dis-je? sa beauté, ce flatteur avantage,
Fit adorer les lois qu'imposa son courage;
Et, quand dans mon dépit j'ai voulu conspirer,
Mes amis consternés n'ont su que l'admirer.

CÉDAR.

Ce charme se dissipe, et ce pouvoir chancelle;
Son génie égaré semble s'éloigner d'elle.
Un vain remords la trouble; et sa crédulité
A depuis quelque temps en secret consulté
Ces oracles menteurs d'un temple méprisable,
Que les fourbes d'Égypte ont rendu vénérable
Son encens et ses vœux fatiguent les autels;
Elle devient semblable au reste des mortels:
Elle a connu la crainte.

ACTE II, SCÈNE IV.

ASSUR.

Accablons sa faiblesse.
Je ne puis m'élever qu'autant qu'elle s'abaisse.
De Babylone au moins j'ai fait parler la voix :
Sémiramis enfin va céder une fois.
Ce premier coup porté, sa ruine est certaine.
Me donner Azéma, c'est cesser d'être reine ;
Oser me refuser, soulève ses États ;
Et de tous les côtés le piège est sous ses pas.
Mais peut-être, après tout, quand je crois la surprendre,
J'ai lassé ma fortune à force de l'attendre.

CÉDAR.

Si la reine vous cède et nomme un héritier,
Assur de son destin peut-il se défier ?
De vous et d'Azéma l'union désirée
Rejoindra de nos rois la tige séparée.
Tout vous porte à l'empire, et tout parle pour vous.

ASSUR.

Pour Azéma sans doute il n'est point d'autre époux.
Mais pourquoi de si loin faire venir Arzace ?
Elle a favorisé son insolente audace.
Tout prêt à le punir, je me vois retenu
Par cette même main dont il est soutenu.
Prince, mais sans sujets, ministre et sans puissance,
Environné d'honneurs, et dans la dépendance,
Tout m'afflige, une amante, un jeune audacieux,
Des prêtres consultés, qui font parler leurs dieux,
Sémiramis enfin toujours en défiance,
Qui me ménage à peine, et qui craint ma présence.
Nous verrons si l'ingrate avec impunité
Ose pousser à bout un complice irrité.

(Il veut sortir.)

SCÈNE V.

ASSUR, OTANE, CÉDAR.

OTANE.

SEIGNEUR, Sémiramis vous ordonne d'attendre ;
Elle veut en secret vous voir et vous entendre :
Et de cet entretien qu'aucun ne soit témoin.

ASSUR.

A ses ordres sacrés j'obéis avec soin,
Otane, et j'attendrai sa volonté suprême.

SCÈNE VI.

♦ ASSUR, CÉDAR.

ASSUR.

Eh ! d'où peut donc venir ce changement extrême ?
Depuis près de trois mois, je lui semble odieux,
Mon aspect importun lui fait baisser les yeux.
Toujours quelque témoin nous voit et nous écoute.
De nos froids entretiens, qui lui pèsent sans doute,
Ses soudaines frayeurs interrompent le cours ;
Son silence souvent répond à mes discours.
Que veut-elle me dire ? ou que veut-elle apprendre ?
Elle avance vers nous ; c'est elle. Va m'attendre.

SCÈNE VII.

SÉMIRAMIS, ASSUR.

SÉMIRAMIS.

SEIGNEUR, il faut enfin que je vous ouvre un cœur
Qui long-temps devant vous dévora sa douleur.
J'ai gouverné l'Asie, et peut-être avec gloire ;
Peut-être Babylone, honorant ma mémoire,

Mettra Sémiramis à côté des grands rois.
Vos mains de mon empire ont soutenu le poids.
Partout victorieuse, absolue, adorée,
De l'encens des humains je vivais enivrée :
Tranquille, j'oubliai, sans crainte et sans ennuis,
Quel degré m'éleva dans ce rang où je suis.
Des dieux dans mon bonheur j'oubliai la justice ;
Elle parle, je cède : et ce grand édifice,
Que je crus à l'abri des outrages du temps,
Veut être raffermi jusqu'en ses fondements.

ASSUR.

Madame, c'est à vous d'achever votre ouvrage,
De commander au temps, de prévoir son outrage.
Qui pourrait obscurcir des jours si glorieux ?
Quand la terre obéit, que craignez-vous des dieux ?

SÉMIRAMIS.

La cendre de Ninus repose en cette enceinte,
Et vous me demandez le sujet de ma crainte ?
Vous !

ASSUR.

Je vous avouerai que je suis indigné
Qu'on se souvienne encor si Ninus a régné.
Craint-on après quinze ans ses mânes en colère ?
Ils se seraient vengés, s'ils avaient pu le faire.
D'un éternel oubli ne tirez point les morts.
Je suis épouvanté, mais c'est de vos remords.
Ah ! ne consultez point d'oracles inutiles :
C'est par la fermeté qu'on rend les dieux faciles.
Ce fantôme inouï qui paraît en ce jour,
Qui naquit de la crainte et l'enfante à son tour,
Peut-il vous effrayer par tous ses vains prestiges ?
Pour qui ne les craint point, il n'est point de prodiges ;

Ils sont l'appât grossier des peuples ignorants,
L'invention du fourbe, et le mépris des grands.
Mais si quelque intérêt plus noble et plus solide
Éclaire votre esprit qu'un vain trouble intimide,
S'il vous faut de Bélus éterniser le sang,
Si la jeune Azéma prétend à ce haut rang....

SÉMIRAMIS.

Je viens vous en parler. Ammon et Babylone
Demandent sans détour un héritier du trône.
Il faut que de mon sceptre on partage le faix,
Et le peuple et les dieux vont être satisfaits
Vous le savez assez, mon superbe courage
S'était fait une loi de régner sans partage :
Je tins sur mon hymen l'univers en suspens;
Et quand la voix du peuple, à la fleur de mes ans,
Cette voix qu'aujourd'hui le ciel même seconde,
Me pressait de donner des souverains au monde :
Si quelqu'un put prétendre au nom de mon époux,
Cet honneur, je le sais, n'appartenait qu'à vous ;
Vous deviez l'espérer : mais vous pûtes connaître
Combien Sémiramis craignait d'avoir un maître.
Je vous fis, sans former un lien si fatal,
Le second de la terre, et non pas mon égal.
C'était assez, seigneur ; et j'ai l'orgueil de croire
Que ce rang aurait pu suffire à votre gloire.
Le ciel me parle enfin ; j'obéis à sa voix :
Écoutez son oracle, et recevez mes lois.
« Babylone doit prendre une face nouvelle,
« Quand d'un second hymen allumant le flambeau,
« Mère trop malheureuse, épouse trop cruelle,
« Tu calmeras Ninus au fond de son tombeau. »

C'est ainsi que des dieux l'ordre éternel s'explique.
Je connais vos desseins et votre politique ;
Vous voulez dans l'État vous former un parti ;
Vous m'opposez le sang dont vous êtes sorti.
De vous et d'Azéma mon successeur peut naître ;
Vous briguez cet hymen, elle y prétend peut-être
Mais moi, je ne veux pas que vos droits et les siens,
Ensemble confondus, s'arment contre les miens :
Telle est ma volonté, constante, irrévocable.
C'est à vous de juger si le dieu qui m'accable
A laissé quelque force à mes sens interdits,
Si vous reconnaissez encor Sémiramis,
Si je puis soutenir la majesté du trône.
Je vais donner, seigneur, un maître à Babylone.
Mais soit qu'un si grand choix honore un autre ou vous,
Je serai souveraine en prenant un époux.
Assemblez seulement les princes et les mages ;
Qu'ils viennent à ma voix joindre ici leurs suffrages.
Le don de mon empire et de ma liberté
Est l'acte le plus grand de mon autorité ;
Loin de le prévenir, qu'on l'attende en silence.
Le ciel à ce grand jour attache sa clémence ;
Tout m'annonce des dieux qui daignent se calmer,
Mais c'est le repentir qui doit les désarmer.
Croyez-moi ; les remords, à vos yeux méprisables,
Sont la seule vertu qui reste à des coupables.
Je vous parais timide et faible ; désormais
Connaissez la faiblesse, elle est dans les forfaits.
Cette crainte n'est pas honteuse au diadème ;
Elle convient aux rois, et surtout à vous-même :
Et je vous apprendrai qu'on peut, sans s'avilir,
S'abaisser sous les dieux, les craindre, et les servir.

SCÈNE VIII.

ASSUR, seul.

QUELS discours étonnants! quels projets! quel langage!
Est-ce crainte, artifice, ou faiblesse, ou courage?
Prétend-elle, en cédant, raffermir ses destins?
Et s'unit-elle à moi pour tromper mes desseins?
A l'hymen d'Azéma je ne dois point prétendre!
C'est m'assurer du sien que je dois seul attendre
Ce que n'ont pu mes soins et nos communs forfaits,
L'hommage dont jadis je flattai ses attraits,
Mes brigues, mon dépit, la crainte de sa chute,
Un oracle d'Égypte, un songe l'exécute!
Quel pouvoir inconnu gouverne les humains!
Que de faibles ressorts font d'illustres destins!
Doutons encor de tout; voyons encor la reine.
Sa résolution me paraît trop soudaine;
Trop de soins à mes yeux paraissent l'occuper:
Et qui change aisément est faible, ou veut tromper.

FIN DU SECOND ACTE.

ACTE TROISIÈME.

(Le théâtre représente un cabinet du palais.)

SCÈNE I.

SÉMIRAMIS, OTANE.

SÉMIRAMIS

Otane, qui l'eût cru, que les dieux en colèr
Me tendaient en effet une main salutaire,
Qu'ils ne m'épouvantaient que pour se désarmer?
Ils ont ouvert l'abîme, et l'ont daigné fermer :
C'est la foudre à la main qu'ils m'ont donné ma grâce ;
Ils ont changé mon sort, ils ont conduit Arzace,
Ils veulent mon hymen ; ils veulent expier,
Par ce lien nouveau, les crimes du premier.
Non, je ne doute plus que des cœurs ils disposent :
Le mien vole au-devant de la loi qu'ils m'imposent.
Arzace, c'en est fait, je me rends, et je voi
Que tu devais régner sur le monde et sur moi.

OTANE.

Arzace, lui?

SÉMIRAMIS.

Tu sais qu'aux plaines de Scythie,
Quand je vengeais la Perse et subjuguais l'Asie.
Ce héros (sous son père il combattait alors),
Ce héros, entouré de captifs et de morts,
M'offrit en rougissant, de ses mains triomphant
Des ennemis vaincus les dépouilles sanglantes.

7.

A son premier aspect tout mon cœur étonné
Par un pouvoir secret se sentit entraîné ;
Je n'en pus affaiblir le charme inconcevable,
Le reste des mortels me sembla méprisable.
Assur, qui m'observait, ne fut que trop jaloux ;
Dès-lors le nom d'Arzace aigrissait son courroux :
Mais l'image d'Arzace occupa ma pensée,
Avant que de nos dieux la main ne l'eût tracée,
Avant que cette voix qui commande à mon cœur
Me désignât Arzace, et nommât mon vainqueur.

OTANE.

C'est beaucoup abaisser ce superbe courage
Qui des maîtres du Gange a dédaigné l'hommage,
Qui, n'écoutant jamais de faibles sentiments,
Veut des rois pour sujets et non pas pour amants.
Vous avez méprisé jusqu'à la beauté même,
Dont l'empire accroissait votre empire suprême ;
Et vos yeux sur la terre exerçaient leur pouvoir,
Sans que vous daignassiez vous en apercevoir.
Quoi ! de l'amour enfin connaissez-vous les charmes ?
Et pouvez-vous passer de ces sombres alarmes
Au tendre sentiment qui vous parle aujourd'hui ?

SÉMIRAMIS.

Non, ce n'est point l'amour qui m'entraîne vers lui :
Mon âme par les yeux ne peut être vaincue.
Ne crois pas qu'à ce point de mon rang descendue,
Écoutant dans mon trouble un charme suborneur,
Je donne à la beauté le prix de la valeur ;
Je crois sentir du moins de plus nobles tendresses.
Malheureuse ! est-ce à moi d'éprouver des faiblesses,
De connaître l'amour et ses fatales lois ?
Otane, que veux-tu ? je fus mère autrefois ;

Mes malheureuses mains à peine cultivèrent
Ce fruit d'un triste hymen que les dieux m'enlevèrent.
Seule, en proie aux chagrins qui venaient m'alarmer,
N'ayant autour de moi rien que je pusse aimer,
Sentant ce vide affreux de ma grandeur suprême,
M'arrachant à ma cour et m'évitant moi-même,
J'ai cherché le repos dans ces grands monuments,
D'une âme qui se fuit trompeurs amusements.
Le repos m'échappait ; je sens que je le trouve :
Je m'étonne en secret du charme que j'éprouve ;
Arzace me tient lieu d'un époux et d'un fils,
Et de tous mes travaux, et du monde soumis,
Que je vous dois d'encens, ô puissance céleste,
Qui, me forçant de prendre un joug jadis funeste,
Me préparez au nœud que j'avais abhorré,
En m'embrasant d'un feu par vous-même inspiré !

OTANE.

Mais vous avez prévu la douleur et la rage
Dont va frémir Assur à ce nouvel outrage ;
Car enfin il se flatte, et la commune voix
A fait tomber sur lui l'honneur de votre choix :
Il ne bornera pas son dépit à se plaindre.

SÉMIRAMIS.

Je ne l'ai point trompé, je ne veux pas le craindre.
J'ai su quinze ans entiers, quel que fût son projet,
Le tenir dans le rang de mon premier sujet :
A son ambition, pour moi toujours suspecte,
Je prescrivis quinze ans les bornes qu'il respecte.
Je régnais seule alors : et si ma faible main
Mit à ses vœux hardis ce redoutable frein,
Que pourront désormais sa brigue et son audace
Contre Sémiramis unie avec Arzace ?

Oui, je crois que Ninus, content de mes remords,
Pour presser cet hymen quitte le sein des morts.
Sa grande ombre en effet, déja trop offensée,
Contre Sémiramis serait trop courroucée;
Elle verrait donner, avec trop de douleur,
Sa couronne et son lit à son empoisonneur.
Du sein de son tombeau voilà ce qui l'appelle;
Les oracles d'Ammon s'accordent avec elle;
La vertu d'Oroès ne me fait plus trembler;
Pour entendre mes lois, je l'ai fait appeler;
Je l'attends.

OTANE.

Son crédit, son sacré caractère,
Peut appuyer le choix que vous prétendez fair.

SÉMIRAMIS.

Sa voix achèvera de rassurer mon cœur.

OTANE

Il vient.

SCÈNE II.

SÉMIRAMIS, OROÈS.

SÉMIRAMIS.

De Zoroastre auguste successeur,
Je vais nommer un roi; vous, couronnez sa tête:
Tout est-il préparé pour cette auguste fête?

OROÈS.

Les mages et les grands attendent votre choix;
Je remplis mon devoir et j'obéis aux rois:
Le soin de les juger n'est point notre partage;
C'est celui des dieux seuls.

SÉMIRAMIS.

A ce sombre langage
On dirait qu'en secret vous condamnez mes vœux.

OROÈS.

Je ne les connais pas ; puissent-ils être heureux !

SÉMIRAMIS.

Mais vous interprétez les volontés célestes.
Ces signes que j'ai vus me seraient-ils funestes ?
Une ombre, un dieu peut-être, à mes yeux s'est montré ;
Dans le sein de la terre il est soudain rentré.
Quel pouvoir a brisé l'éternelle barrière
Dont le ciel sépara l'enfer et la lumière ?
D'où vient que les humains, malgré l'arrêt du sort,
Reviennent à mes yeux du séjour de la mort ?

OROÈS.

Du ciel, quand il le faut, la justice suprême
Suspend l'ordre éternel établi par lui-même ;
Il permet à la mort d'interrompre ses lois
Pour l'effroi de la terre et l'exemple des rois.

SÉMIRAMIS.

Les oracles d'Ammon veulent un sacrifice.

OROÈS.

Il se fera, madame.

SÉMIRAMIS.

Éternelle justice,
Qui lisez dans mon âme avec des yeux vengeurs,
Ne la remplissez plus de nouvelles horreurs ;
De mon premier hymen oubliez l'infortune.
     (A Oroès qui s'éloignait.)
Revenez.

OROÈS, revenant.

Je croyais ma présence importune.

SÉMIRAMIS.

Répondez : ce matin au pied de vos autels,
Arzace a présenté des dons aux immortels?

OROÈS.

Oui, ces dons leur sont chers ; Arzace a su leur plaire.

SÉMIRAMIS.

Je le crois, et ce mot me rassure et m'éclaire.
Puis-je d'un sort heureux me reposer sur lui?

OROÈS.

Arzace de l'empire est le plus digne appui ;
Les dieux l'ont amené ; sa gloire est leur ouvrage.

SÉMIRAMIS.

J'accepte avec transport ce fortuné présage ;
L'espérance et la paix reviennent me calmer.
Allez ; qu'un pur encens recommence à fumer.
De vos mages, de vous, que la présence auguste
Sur l'hymen le plus grand, sur le choix le plus juste,
Attire de nos dieux les regards souverains.
Puissent de cet État les éternels destins
Reprendre avec les miens une splendeur nouvelle !
Hâtez de ce beau jour la pompe solennelle
Allez.

SCÈNE III.

SÉMIRAMIS, OTANE.

SÉMIRAMIS.

Ainsi le ciel est d'accord avec moi ;
Je suis son interprète en choisissant un roi.
Que je vais l'étonner par le don d'un empire !
Qu'il est loin d'espérer ce moment où j'aspire !

Qu'Assur et tous les siens vont être humiliés !
Quand j'aurai dit un mot, la terre est à ses pieds.
Combien à mes bontés il faudra qu'il réponde !
Je l'épouse, et pour dot je lui donne le monde.
Enfin ma gloire est pure, et je puis la goûter.

SCÈNE IV.

SÉMIRAMIS, OTANE, MITRANE, un officier
DU PALAIS.

OTANE.

Arzace à vos genoux demande à se jeter :
Daignez à ses douleurs accorder cette grâce.

SÉMIRAMIS.

Quel chagrin près de moi peut occuper Arzace ?
De mes chagrins lui seul a dissipé l'horreur :
Qu'il vienne ; il ne sait pas ce qu'il peut sur mon cœur.
Vous dont le sang s'apaise, et dont la voix m'inspire,
O mânes redoutés, et vous, dieux de l'empire,
Dieux des Assyriens, de Ninus, de mon fils,
Pour le favoriser soyez tous réunis.
Quel trouble en le voyant m'a soudain pénétrée !

SCÈNE V.

SÉMIRAMIS, ARZACE, AZÉMA.

ARZACE.

O reine, à vous servir ma vie est consacrée :
Je vous devais mon sang ; et quand je l'ai versé,
Puisqu'il coula pour vous, je fus récompensé.
Mon père avoit joui de quelque renommée,
Mes yeux l'ont vu mourir commandant votre armée ;

Il a laissé, madame, à son malheureux fils
Des exemples frappants, peut-être mal suivis.
Je n'ose devant vous rappeler la mémoire
Des services d'un père et de sa faible gloire,
Qu'afin d'obtenir grâce à vos sacrés genoux
Pour un fils téméraire, et coupable envers vous,
Qui, de ses vœux hardis écoutant l'imprudence,
Craint, même en vous servant, de vous faire une offense.

SÉMIRAMIS.

Vous, m'offenser ? qui, vous ? ah ! ne le craignez pas.

ARZACE.

Vous donnez votre main, vous donnez vos États
Sur ces grands intérêts, sur ce choix que vous faites,
Mon cœur doit renfermer ses plaintes indiscrètes :
Je dois dans le silence, et le front prosterné,
Attendre avec cent rois qu'un roi nous soit donné.
Mais d'Assur hautement le triomphe s'apprête ;
D'un pas audacieux il marche à sa conquête,
Le peuple nomme Assur ; il est de votre sang ;
Puisse-t-il mériter et son nom et son rang !
Mais enfin je me sens l'âme trop élevée
Pour adorer ici la main que j'ai bravée,
Pour me voir écrasé de son orgueil jaloux.
Souffrez que loin de lui, malgré moi loin de vous,
Je retourne aux climats où je vous ai servie.
J'y suis assez puissant contre sa tyrannie,
Si des bienfaits nouveaux dont j'ose me flatter..

SÉMIRAMIS.

Ah ! que m'avez-vous dit ? vous, fuir ! vous, me quitter !
Vous pourriez craindre Assur ?

ACTE III, SCÈNE V.

ARZACE.

     Non; ce cœur téméraire
Craint dans le monde entier votre seule colere.
Peut-être avez-vous su mes désirs orgueilleux :
Votre indignation peut confondre mes vœux.
Je tremble.

SÉMIRAMIS.

    Espérez tout ; je vous ferai connoître
Qu'Assur en aucun temps ne sera votre maître.

ARZACE.

Eh bien ! je l'avouerai, mes yeux avec horreur
De votre époux en lui verraient le successeur.
Mais s'il ne peut prétendre à ce grand hyménée,
Verra-t-on à ses lois Azéma destinée ?
Pardonnez à l'excès de ma présomption ;
Ne redoutez-vous point sa sourde ambition ?
Jadis à Ninias Azéma fut unie ;
C'est dans le même sang qu'Assur puisa la vie ;
Je ne suis qu'un sujet, mais j'ose contre lui...

SÉMIRAMIS.

Des sujets tels que vous sont mon plus noble appui.
Je sais vos sentiments ; votre âme peu commune
Chérit Sémiramis, et non pas ma fortune.
Sur mes vrais intérêts vos yeux sont éclairés ;
Je vous en fais l'arbitre, et vous les soutiendrez.
D'Assur et d'Azéma je romps l'intelligence ;
J'ai prévu les dangers d'une telle alliance ;
Je sais tous ses projets, ils seront confondus.

ARZACE.

Ah ! puisque ainsi mes vœux sont par vous entendus,
Puisque vous avez lu dans le fond de mon âme...

AZEMA *arrive avec précipitation:*

Reine, j'ose à vos pieds...

SÉMIRAMIS, *relevant Azéma.*

Rassurez-vous, madame:
Quel que soit mon epoux, je vous garde en ces lieux
Un sort et des honneurs dignes de vos aïeux.
Destinée à mon fils, vous m'êtes toujours chère,
Et je vous vois encore avec des yeux de mère.
Placez-vous l'un et l'autre avec ceux que ma voix
A nommés pour témoins de mon auguste choix.

(A Arzace.)

Que l'appui de l'État se range auprès du trône.

SCÈNE VI.

(Le cabinet où était Sémiramis fait place à un grand salon magnifiquement orné. Plusieurs officiers, avec les marques de leurs dignités, sont sur des gradins. Un trône est placé au milieu du salon. Les satrapes sont auprès du trône. Le grand-prêtre entre avec les mages. Il se place debout entre Assur et Arzace. La reine est au milieu avec Azéma et ses femmes. Des gardes occupent le fond du salon.)

OROÈS.

PRINCES, mages, guerriers, soutiens de Babylone,
Par l'ordre de la reine en ces lieux rassemblés,
Les décrets de nos dieux vous seront révélés :
Ils veillent sur l'empire ; et voici la journée
Qu'à de grands changements ils avaient destinée.
Quel que soit le monarque et quel que soit l'époux
Que la reine ait choisi pour l'élever sur nous,
C'est à vous d'obéir... J'apporte au nom des mages

Ce que je dois aux rois, des vœux et des hommages,
Des souhaits pour leur gloire, et surtout pour l'État.
Puissent ces jours nouveaux de grandeur et d'éclat
N'être jamais changés en des jours de ténèbres,
Ni ces chants d'allégresse en des plaintes funèbres !

AZÉMA.

Pontife, et vous, seigneurs, on va nommer un roi :
Ce grand choix, quel qu'il soit, peut n'offenser que moi.
Mais je naquis sujette, et je le suis encore ;
Je m'abandonne aux soins dont la reine m'honore ;
Et, sans oser prévoir un sinistre avenir,
Je donne à ses sujets l'exemple d'obéir.

ASSUR.

Quoi qu'il puisse arriver, quoi que le ciel décide,
Que le bien de l'État à ce grand jour préside.
Jurons tous par ce trône, et par Sémiramis,
D'être à ce choix auguste aveuglément soumis,
D'obéir sans murmure au gré de sa justice.

ARZACE.

Je le jure ; et ce bras armé pour son service,
Ce cœur à qui sa voix commande après les dieux,
Ce sang dans les combats répandu sous ses yeux,
Sont à mon nouveau maître avec le même zèle
Qui sans se démentir les anima pour elle.

OROÈS.

De la reine et des dieux j'attends les volontés.

SÉMIRAMIS.

Il suffit ; prenez place ; et vous, peuple, écoutez.
(Elle s'assied sur le trône.)
Azéma, Assur, le grand-prêtre, Arzace, prennent
leurs places ; elle continue :
Si la terre, quinze ans de ma gloire occupée,

Révéra dans ma main le sceptre avec l'épée,
Dans cette même main qu'un usage jaloux
Destinait au fuseau sous les lois d'un époux.
Si j'ai, de mes sujets surpassant l'espérance,
De cet empire heureux porté le poids immense,
Je vais le partager pour le mieux maintenir,
Pour étendre sa gloire aux siècles à venir,
Pour obéir aux dieux dont l'ordre irrévocable
Fléchit ce cœur altier si long-temps indomtable.
Ils m'ont ôté mon fils; puissent-ils m'en donner
Qui, dignes de me suivre et de vous gouverner,
Marchant dans les sentiers que fraya mon courage,
Des grandeurs de mon règne éternisent l'ouvrage!
J'ai pu choisir, sans doute, entre des souverains;
Mais ceux dont les États entourent mes confins,
Ou sont mes ennemis, ou sont mes tributaires:
Mon sceptre n'est point fait pour leurs mains étrangères;
Et mes premiers sujets sont plus grands à mes yeux
Que tous ces rois vaincus par moi-même ou par eux.
Bélus naquit sujet; s'il eut le diadème,
Il le dut à ce peuple, il le dut à lui-même.
J'ai par les mêmes droits le sceptre que je tiens.
Maîtresse d'un État plus vaste que les siens,
J'ai rangé sous vos lois vingt peuples de l'aurore,
Qu'au siècle de Bélus on ignorait encore.
Tout ce qu'il entreprit je le sus achever.
Ce qui fonde un État le peut seul conserver.
Il vous faut un héros digne d'un tel empire
Digne de tels sujets, et, si j'ose le dire,
Digne de cette main qui va le couronner,
Et du cœur indomté que je vais lui donner.

J'ai consulté les lois, les maîtres du tonnerre,
L'intérêt de l'État, l'intérêt de la terre :
Je fais le bien du monde en nommant un époux.
Adorez le héros qui va régner sur vous ;
Voyez revivre en lui les princes de ma race.
Ce héros, cet époux, ce monarque est Arzace.

(Elle descend du trône, et tout le monde se lève.)

AZÉMA.

Arzace ! ô perfidie !

ASSUR.

O vengeance ! ô fureurs !

ARZACE, *à Azéma.*

Ah ! croyez...

OROÈS.

Juste ciel ! écartez ces horreurs !

SÉMIRAMIS, *avançant sur la scène et s'adressant aux*
mages.

Vous qui sanctifiez de si pures tendresses,
Venez sur les autels garantir nos promesses ;
Ninus et Ninias vous sont rendus en lui.

(Le tonnerre gronde, et le tombeau paraît s'ébranler.)

Ciel, qu'est-ce que j'entends ?

OROÈS.

Dieux ! soyez notre appui

SÉMIRAMIS.

Le ciel tonne sur nous : est-ce faveur, ou haine ?
Grâce, dieux tout-puissants ! qu'Arzace me l'obtienne.
Quels funèbres accents redoublent mes terreurs !
La tombe s'est ouverte : il paraît... Ciel !... je meurs...

(L'ombre de Ninus sort de son tombeau.)

ASSUR.

L'ombre de Ninus même ! ô dieux ! est-il possible

ARZACE.

Eh bien! qu'ordonnes-tu? parle-nous, dieu terrible.

ASSUR.

Parle.

SÉMIRAMIS.

Veux-tu me perdre? ou veux-tu pardonner?
C'est ton sceptre et ton lit que je viens de donner;
Juge si ce héros est digne de ta place.
Prononce; j'y consens.

L'OMBRE, à *Arzace.*

Tu régneras, Arzace;
Mais il est des forfaits que tu dois expier.
Dans ma tombe, à ma cendre il faut sacrifier.
Sers et mon fils et moi; souviens-toi de ton père:
Écoute le pontife.

ARZACE.

Ombre que je révère,
Demi-dieu dont l'esprit anime ces climats,
Ton aspect m'encourage et ne m'étonne pas.
Oui, j'irai dans ta tombe au péril de ma vie.
Achève; que veux-tu que ma main sacrifie?

(*L'Ombre retourne de son estrade à la porte du
tombeau.*)

Il s'éloigne, il nous fuit!

SÉMIRAMIS.

Ombre de mon époux,
Permets qu'en ce tombeau j'embrasse tes genoux,
Que mes regrets...

L'OMBRE, à *la porte du tombeau.*

Arrête, et respecte ma cendre;
Quand il en sera temps, je t'y ferai descendre.

(*Le spectre rentre, et le mausolée se referme.*)

ASSUR.

Quel horrible prodige !

SÉMIRAMIS.

O peuples, suivez-moi ;
Venez tous dans ce temple, et calmez votre effroi.
Les mânes de Ninus ne sont point implacables ;
S'ils protègent Arzace, ils me sont favorables :
C'est le ciel qui m'inspire et qui vous donne un roi ;
Venez tous l'implorer pour Arzace et pour moi.

FIN DU TROSIÈME ACTE.

ACTE QUATRIÈME.

Le théâtre représente le vestibule du temple.

SCÈNE I

ARZACE, AZÉMA.

ARZACE.

N'IRRITEZ point mes maux, ils m'accablent assez.
Cet oracle est affreux plus que vous ne pensez.
Des prodiges sans nombre étonnent la nature.
Le ciel m'a tout ravi ; je vous perds.

AZÉMA.

                  Ah ! parjure !
Va, cesse d'ajouter aux horreurs de ce jour
L'indigne souvenir de ton perfide amour.
Je ne combattrai point la main qui te couronne,
Les morts qui t'ont parlé, ton cœur qui m'abandonne.
Des prodiges nouveaux qui me glacent d'effroi,
Ta barbare inconstance est le plus grand pour moi,
Achève ; rends Ninus à ton crime propice ;
Commence ici par moi ton affreux sacrifice :
  Frappe, ingrat.

ARZACE.

           C'en est trop : mon cœur désespéré
Contre ces derniers traits n'était point préparé.
Vous voyez trop, cruelle, à ma douleur profonde,
Si ce cœur vous préfère à l'empire du monde.

Ces victoires, ce nom, dont j'étais si jaloux,
Vous en étiez l'objet; j'avais tout fait pour vous;
Et mon ambition, au comble parvenue,
Jusqu'à vous mériter avait porté sa vue.
Sémiramis m'est chère; oui, je dois l'avouer;
Votre bouche avec moi conspire à la louer.
Nos yeux la regardaient comme un dieu tutélaire
Qui de nos chastes feux protégeait le mystère.
C'est avec cette ardeur, et ces vœux épurés,
Que peut-être les dieux veulent être adorés.
Jugez de ma surprise au choix qu'a fait la reine;
Jugez du précipice où ce choix nous entraîne;
Apprenez tout mon sort.

AZÉMA.

Je le sais.

ARZACE.

Apprenez
Que l'empire ni vous ne me sont destinés.
Ce fils qu'il faut servir, ce fils de Ninus même,
Cet unique héritier de la grandeur suprême...

AZÉMA.

Eh bien?

ARZACE.

Ce Ninias, qui, presque en son berceau,
De l'hymen avec vous alluma le flambeau,
Qui naquit à la fois mon rival et mon maître...

AZEMA.

Ninias!

ARZACE.

Il respire, il vient, il va paraître.

8

AZÉMA.

Ninias! juste ciel! Eh quoi! Sémiramis...

ARZACE.

Jusqu'à ce jour trompée, elle a pleuré son fils.

AZÉMA.

Ninias est vivant!

ARZACE.

C'est un secret encore
Renfermé dans le temple, et que la reine ignore.

AZÉMA.

Mais Ninus te couronne, et sa veuve est à toi.

ARZACE.

Mais son fils est à vous; mais son fils est mon roi;
Mais je dois le servir. Quel oracle funeste!

AZÉMA.

L'amour parle, il suffit; que m'importe le reste.
Ses ordres plus certains n'ont point d'obscurité;
Voilà mon seul oracle, il doit être écouté.
Ninias est vivant! Eh bien! qu'il reparaisse;
Que sa mère à mes yeux attestant sa promesse,
Que son père avec lui rappelé du tombeau,
Rejoignent ces lieux formés dans mon berceau;
Que Ninias, mon roi, ton rival et ton maître,
Ait pour moi tout l'amour que tu me dois peut-être:
Viens voir tout cet amour devant toi confondu;
Vois fouler à mes pieds le sceptre qui m'est dû.
Où donc est Ninias? quel secret, quel mystère
Le dérobe à ma vue, et le cache à sa mère?
Qu'il revienne, en un mot; lui, ni Sémiramis,
Ni ces mânes sacrés que l'enfer a vomis,
Ni le renversement de toute la nature,
Ne pourront de mon âme arracher un parjure.

ACTE IV, SCÈNE I.

Arzace, c'est à toi de te bien consulter ;
Vois si ton cœur m'égale, et s'il m'ose imiter.
Quels sont donc ces forfaits que l'enfer en furie,
Que l'ombre de Ninus ordonne qu'on expie ?
Cruel, si tu trahis un si sacré lien,
Je ne connais ici de crime que le tien.
Je vois de tes destins le fatal interprète,
Pour te dicter leurs lois, sortir de sa retraite :
Le malheureux amour, dont tu trahis la foi,
N'est point fait pour paraître entre les dieux et toi.
Va recevoir l'arrêt dont Ninus nous menace ;
Ton sort dépend des dieux, le mien dépend d'Arzace.

(*Elle sort.*)

ARZACE.

Arzace est à vous seule. Ah ! cruelle ! arrêtez.
Quel mélange d'horreurs et de félicités !
Quels étonnants destins l'un à l'autre contraires !...

SCÈNE II.

ARZACE; OROÈS, *suivi des mages.*

OROÈS, *à Arzace.*

Venez, retirons-nous vers ces lieux solitaires ;
Je vois quel trouble affreux a dû vous pénétrer :
A de plus grands assauts il faut vous préparer.

(*Aux mages.*)

Apportez ce bandeau d'un roi que je révère ;
Prenez ce fer sacré, cette lettre.

(*Les mages vont chercher ce que le grand-prêtre
demande.*)

ARZACE.

O mon père !

irez-moi de l'abîme où mes pas sont plongés!
evez le voile affreux dont mes yeux sont chargés!

OROÈS.

Le voile va tomber, mon fils; et voici l'heure
Où, dans sa redoutable et profonde demeure,
Ninus attend de vous, pour apaiser ses cris,
L'offrande réservée à ses mânes trahis.

ARZACE.

Quel ordre! quelle offrande! et qu'est-ce qu'il désire?
Qui, moi! venger Ninus, et Ninias respire!
Qu'il vienne, il est mon roi, mon bras va le servir

OROÈS.

Son père a commandé; ne sachez qu'obéir.
Dans une heure, à sa tombe, Arzace, il faut vous rendre;
  (Il donne le diadème et l'épée à Ninias.)
Armé du fer sacré que vos mains doivent prendre,
Ceint du même bandeau que son front a porté,
Et que vous-même ici vous m'avez présenté.

ARZACE.

Du bandeau de Ninus!

OROÈS.

                    Ses mânes le commandent:
C'est dans cet appareil, c'est ainsi qu'ils attendent
Ce sang qui, devant eux, doit être offert par vous.
Ne songez qu'à frapper, qu'à servir leur courroux:
La victime y sera; c'est assez vous instruire.
Reposez-vous sur eux du soin de la conduire.

ARZACE.

S'il demande mon sang, disposez de ce bras.
Mais vous ne parlez point, seigneur, de Ninias;
Vous ne me dites point comment son père même
Me donnerait sa femme avec son diadème.

OROÈS.

a femme, vous! la reine! ô ciel! Sémiramis!
h bien! voici l'instant que je vous ai promis
onnaissez vos destins et cette femme impie.

ARZACE.

rands dieux!

OROÈS.

De son époux elle a tranché la vie.

ARZACE.

lle! la reine!

OROÈS.

Assur, l'opprobre de son nom,
e détestable Assur a donné le poison.

ARZACE, *après un peu de silence.*

e crime dans Assur n'a rien qui me surprenne;
ais croirai-je en effet qu'une épouse, une reine,
'amour des nations, l'honneur des souverains,
'un attentat si noir ait pu souiller ses mains?
-t-on tant de vertus après un si grand crime?

OROÈS.

e doute, cher Arzace, est d'un cœur magnanime;
ais ce n'est plus le temps de rien dissimuler :
haque instant de ce jour est fait pour révéler
es effrayants secrets dont frémit la nature :
lle vous parle ici; vous sentez son murmure;
otre cœur, malgré vous, gémit épouvanté.
e soyez plus surpris si Ninus irrité
st monté de la terre à ces voûtes impies;
vient briser des nœuds tissus par les furies;
vient montrer au jour des crimes impunis;
es horreurs de l'inceste il vient sauver son fils :

8.

Il parle, il vous attend; Ninus est votre père;
Vous êtes Ninias; la reine est votre mère.

ARZACE.

De tous ces coups mortels en un moment frappé,
Dans la nuit du trépas je reste enveloppé.
Moi, son fils? moi?

OROÈS.

Vous-même: en doutez-vous encore
Apprenez que Ninus, à sa dernière aurore,
Sûr qu'un poison mortel en terminait le cours,
Et que le même crime attentait sur vos jours,
Qu'il attaquait en vous les sources de la vie,
Vous arracha mourant à cette cour impie.
Assur, comblant sur vous ses crimes inouïs
Pour épouser la mère, empoisonna le fils.
Il crut que, de ses rois exterminant la race,
Le trône était ouvert à sa perfide audace;
Et lorsque le palais déplorait votre mort,
Le fidèle Phradate eut soin de votre sort.
Ces végétaux puissants qu'en Perse on voit éclore,
Bienfaits nés dans ses champs de l'astre qu'elle adore,
Par les soins de Phradate avec art préparés,
Firent sortir la mort de vos flancs déchirés;
De son fils qu'il perdit il vous donna la place;
Vous ne fûtes connu que sous le nom d'Arzace:
Il attendait le jour d'un heureux changement.
Dieu, qui juge les rois, en ordonne autrement.
La vérité terrible est du ciel descendue,
Et du sein des tombeaux la vengeance est venue.

ARZACE.

Dieu, maître des destins, suis-je assez éprouvé?
Vous me rendez la mort dont vous m'avez sauvé.

Eh bien ! Sémiramis.....! oui, je reçus la vie
Dans le sein des grandeurs et de l'ignominie.
Ma mère.... ô ciel ! Ninus ! ah ! quel aveu cruel !
Mais si le traître Assur était seul criminel,
S'il se pouvait....

OROÈS, *prenant la lettre et la lui donnant.*
　　　　　Voici ces sacrés caractères,
Ces garants trop certains de ces cruels mystères ;
Le monument du crime est ici sous vos yeux :
Douterez-vous encor ?

　　　　　　　ARZACE.
　　　　　Que ne le puis-je, ô dieux !
Donnez, je n'aurai plus de doute qui me flatte ;
Donnez.

　　　　　　(*Il lit.*)
　　　« Ninus mourant au fidèle Phradate.
« Je meurs empoisonné ; prenez soin de mon fils ;
« Arrachez Ninias à des bras ennemis :
« Ma criminelle épouse.... »

　　　　　　 OROÈS.
　　　　　En faut-il davantage ?
C'est de vous que je tiens cet affreux témoignage.
Ninus n'acheva point ; l'approche de la mort
Glaça sa faible main qui traçait votre sort.
Phradate en cet écrit vous apprend tout le reste ;
Lisez : il vous confirme un secret si funeste.
Il suffit, Ninus parle, il arme votre bras ;
De sa tombe à son trône il va guider vos pas ;
Il veut du sang.

　　　　　ARZACE, *après avoir lu.*
　　　　　O jour trop fécond en miracles !
Enfer, qui m'as parlé, tes funestes oracles

Sont plus obscurs encore à mon esprit troublé
Que le sein de la tombe où je suis appelé.
Au sacrificateur on cache la victime ;
Je tremble sur le choix.

OROÈS.

Tremblez, mais sur le crime
Allez ; dans les horreurs dont vous êtes troublé,
Le ciel vous conduira comme il vous a parlé.
Ne vous regardez plus comme un homme ordinaire,
Des éternels décrets sacré dépositaire,
Marqué du sceau des dieux, séparé des humains,
Avancez dans la nuit qui couvre vos destins.
Mortel, faible instrument des dieux de vos ancêtres,
Vous n'avez pas le droit d'interroger vos maîtres.
A la mort échappé, malheureux Ninias,
Adorez, rendez grâce, et ne murmurez pas.

SCÈNE III.

ARZACE, MITRANE.

ARZACE.

NON, je ne reviens point de cet état horrible !
Sémiramis ma mère ! ô ciel ! est-il possible ?

MITRANE, *arrivant.*

Babylone, seigneur, en ce commun effroi,
Ne peut se rassurer qu'en revoyant son roi.
Souffrez que le premier je vienne reconnaître
Et l'époux de la reine, et mon auguste maître.
Sémiramis vous cherche ; elle vient sur mes pas :
Je bénis ce moment qui la met dans vos bras.
Vous ne répondez point ; un désespoir farouche
Fixe vos yeux troublés, et vous ferme la bouche ;

Vous pâlissez d'effroi; tout votre corps frémit.
Qu'est ce qui s'est passé? qu'est-ce qu'on vous a dit.

ARZACE.

Fuyons vers Azéma.

MITRANE.

Quel étonnant langage!
Seigneur, est-ce bien vous? faites-vous cet outrage.
Aux bontés de la reine, à ses feux, à son choix,
A ce cœur qui pour vous dédaigna tant de rois?
Son espérance en vous est-elle confondue?

ARZACE.

Dieux! c'est Sémiramis qui se montre à ma vue!
O tombe de Ninus! ô séjour des enfers!
Cachez son crime et moi dans vos gouffres ouverts.

SCÈNE IV.

SEMIRAMIS, ARZACE, OTANE.

SÉMIRAMIS.

On n'attend plus que vous; venez, maître du monde:
Son sort, comme le mien, sur mon hymen se fonde.
Je vois avec transport ce signe révéré,
Qu'a mis sur votre front un pontife inspiré;
Ce sacré diadème, assuré témoignage
Que l'enfer et le ciel confirment mon suffrage.
Tout le parti d'Assur, frappé d'un saint respect,
Tombe à la voix des dieux, et tremble à mon aspect:
Ninus veut une offrande, il en est plus propice;
Pour hâter mon bonheur, hâtez ce sacrifice.
Tous les cœurs sont à nous; tout le peuple applaudit:
Vous régnez, je vous aime; Assur en vain frémit.

ARZACE, *hors de lui.*

Assur! allons.... il faut dans le sang du perfide....
Dans cet infâme sang lavons son parricide;
Allons venger Ninus....

SÉMIRAMIS.

Qu'entends-je? juste ciel!
Ninus!

ARZACE, *d'un air égaré.*

Vous m'avez dit que son bras criminel
(*Revenant à lui.*)
Avait.... que l'insolent s'arme contre sa reine;
Et n'est-ce pas assez pour mériter ma haine?

SÉMIRAMIS.

Commencez la vengeance en recevant ma foi.

ARZACE.

Mon père!

SÉMIRAMIS.

Ah! quels regards vos yeux lancent sur moi!
Arzace, est-ce donc là ce cœur soumis et tendre
Qu'en vous donnant ma main j'ai cru devoir attendre?
Je ne m'étonne point que ce prodige affreux,
Que les morts déchaînés du séjour ténébreux,
De la terreur en vous laissent encor la trace;
Mais j'en suis moins troublée en revoyant Arzace.
Ah! ne répandez pas cette funeste nuit
Sur ces premiers moments du beau jour qui me luit.
Soyez tel qu'à mes pieds je vous ai vu paraître
Lorsque vous redoutiez d'avoir Assur pour maître.
Ne craignez point Ninus, et son ombre en courroux.
Arzace, mon appui, mon secours, mon époux;
Cher prince....

ARZACE, *se détournant.*

C'en est trop : le crime m'environne....
Arrêtez.

SÉMIRAMIS.

A quel trouble, hélas! il s'abandonne,
Quand lui seul à la paix a pu me rappeler!

ARZACE.

Sémiramis....

SÉMIRAMIS.

Eh bien?

ARZACE.

Je ne puis lui parler :
Fuyez-moi pour jamais, ou m'arrachez la vie.

SÉMIRAMIS.

Quels transports! quels discours! qui, moi, que je vous fuie!
Éclaircissez ce trouble insupportable, affreux,
Qui passe dans mon âme, et fait deux malheureux.
Les traits du désespoir sont sur votre visage;
De moment en moment vous glacez mon courage;
Et vos yeux alarmés me causent plus d'effroi
Que le ciel et les morts soulevés contre moi.
Je tremble, en vous offrant ce sacré diadème;
Ma bouche en frémissant prononce, Je vous aime;
D'un pouvoir inconnu l'invincible ascendant
M'entraîne ici vers vous, m'en repousse à l'instant,
Et, par un sentiment que je ne puis comprendre,
Mêle une horreur affreuse à l'amour le plus tendre.

ARZACE.

Haïssez-moi!

SÉMIRAMIS.

Cruel! non, tu ne le veux pas.
Mon cœur suivra ton cœur, mes pas suivront tes pas.

Quel est donc ce billet que tes yeux pleins d'alarmes
Lisent avec horreur et trempent de leurs larmes?
Contient-il les raisons de tes refus affreux?

ARZACE.

Oui.

SÉMIRAMIS.

Donne.

ARZACE.

Ah! je ne puis... osez-vous...?

SÉMIRAMIS.

Je le veux

ARZACE.

Laissez-moi cet écrit horrible et nécessaire....

SÉMIRAMIS.

D'où le tiens-tu?

ARZACE.

Des dieux.

SÉMIRAMIS.

Qui l'écrivit?

ARZACE.

Mon père.

SÉMIRAMIS.

Que me dis-tu?

ARZACE.

Tremblez.

SÉMIRAMIS.

Donne : apprends-moi mon sort.

ARZACE.

Cessez... à chaque mot vous trouveriez la mort.

SÉMIRAMIS.

N'importe ; éclaircissez ce doute qui m'accable ;
Ne me résistez plus, ou je vous crois coupable.

ARZACE.

Dieux, qui conduisez tout, c'est vous qui m'y forcez!

SÉMIRAMIS, *prenant le billet.*

Pour la dernière fois, Arzace, obéissez.

ARZACE.

Eh bien! que ce billet soit donc le seul supplice
Qu'à son crime, grand dieu, réserve ta justice!

(*Sémiramis lit.*)

Vous allez trop savoir, c'en est fait.

SÉMIRAMIS, *à Otane.*

Qu'ai-je lu?

Soutiens-moi, je me meurs...

ARZACE.

Hélas! tout est connu.

SÉMIRAMIS, *revenant à elle, après un long silence.*

Eh bien! ne tarde plus, remplis ta destinée;
Punis cette coupable et cette infortunée;
Étouffe dans mon sang mes détestables feux.
La nature trompée est horrible à tous deux.
Venge tous mes forfaits; venge la mort d'un père;
Reconnais-moi, mon fils; frappe et punis ta mère.

ARZACE.

Que ce glaive plutôt épuise ici mon flanc
De ce sang malheureux formé de votre sang!
Qu'il perce de vos mains ce cœur qui vous révère,
Et qui porte d'un fils le sacré caractère!

SÉMIRAMIS, *se jetant à genoux.*

Ah! je fus sans pitié; sois barbare à ton tour;
Sois le fils de Ninus en m'arrachant le jour;
Frappe. Mais quoi! tes pleurs se mêlent à mes larmes!
O Ninias! ô jour plein d'horreur et de charmes...!

VOLTAIRE. IV. 9

Avant de me donner la mort que tu me dois,
De la nature encor laisse parler la voix;
Souffre au moins que les pleurs de ta coupable mère
Arrosent une main si fatale et si chère.

ARZACE.

Ah! je suis votre fils, et ce n'est pas à vous,
Quoi que vous ayez fait, d'embrasser mes genoux.
Ninias vous implore, il vous aime, il vous jure
Les plus profonds respects, et l'amour la plus pure.
C'est un nouveau sujet, plus cher et plus soumis;
Le ciel est apaisé, puisqu'il vous rend un fils :
Livrez l'infâme Assur au dieu qui vous pardonne.

SÉMIRAMIS.

Reçois, pour te venger, mon sceptre et ma couronne;
Je les ai trop souillés.

ARZACE.

          Je veux tout ignorer;
Je veux avec l'Asie encor vous admirer.

SÉMIRAMIS.

Non; mon crime est trop grand.

ARZACE.

              Le repentir l'efface.

SÉMIRAMIS.

Ninus t'a commandé de régner en ma place;
Crains ses mânes vengeurs.

ARZACE.

           Ils seront attendris
Des remords d'une mère et des larmes d'un fils.
Otane, au nom des dieux, ayez soin de ma mère,
Et cachez, comme moi, cet horrible mystère.

FIN DU QUATRIÈME ACTE.

ACTE CINQUIÈME.

SCÈNE I.

SÉMIRAMIS, OTANE.

OTANE.

Songez qu'un dieu propice a voulu prévenir
Cet effroyable hymen, dont je vous vois frémir.
La nature étonnée à ce danger funeste,
En vous rendant un fils, vous arrache à l'inceste.
Des oracles d'Ammon les ordres absolus,
Les infernales voix, les mânes de Ninus,
Vous disaient que le jour d'un nouvel hyménée
Finirait les horreurs de votre destinée ;
Mais ils ne disaient pas qu'il dût être accompli.
L'hymen s'est préparé, votre sort est rempli ;
Ninias vous révère. Un secret sacrifice
Va contenter des dieux la facile justice ;
Ce jour si redouté fera votre bonheur.

SÉMIRAMIS.

Ah ! le bonheur, Otane, est-il fait pour mon cœur ?
Mon fils s'est attendri ; je me flatte, j'espère
Qu'en ces premiers moments la douleur d'une mère
Parle plus hautement à ses sens oppressés
Que le sang de Ninus, et mes crimes passés.
Mais peut-être bientôt, moins tendre et plus sévère,
Il ne se souviendra que du meurtre d'un père.

OTANE.

Que craignez-vous d'un fils ? quel noir pressentiment !

SÉMIRAMIS.

La crainte suit le crime, et c'est son châtiment.
Le détestable Assur sait-il ce qui se passe?
N'a-t-on rien attenté? sait-on quel est Arzace?

OTANE.

Non; ce secret terrible est de tous ignoré :
De l'ombre de Ninus l'oracle est adoré;
Les esprits consternés ne peuvent le comprendre.
Comment servir son fils? pourquoi venger sa cendre?
On l'ignore, on se tait. On attend ces moments
Où, fermé sans réserve au reste des vivants,
Ce lieu saint doit s'ouvrir pour finir tant d'alarmes.
Le peuple est aux autels; vos soldats sont en armes.
Azéma, pâle, errante, et la mort dans les yeux,
Veille autour du tombeau, lève les mains aux cieux.
Ninias est au temple, et d'une âme éperdue
Se prépare à frapper sa victime inconnue.
Dans ses sombres fureurs Assur enveloppé
Rassemble les débris d'un parti dissipé :
Je ne sais quels projets il peut former encore.

SÉMIRAMIS.

Ah! c'est trop ménager un traître que j'abhorre;
Qu'Assur chargé de fers en vos mains soit remis :
Otane, allez livrer le coupable à mon fils.
Mon fils apaisera l'éternelle justice,
En répandant du moins le sang de mon complice :
Qu'il meure; qu'Azéma, rendue à Ninias,
Du crime de mon règne épure ces climats.
Tu vois ce cœur, Ninus, il doit te satisfaire;
Tu vois du moins en moi des entrailles de mère
Ah! qui vient dans ces lieux à pas précipités?
Que tout rend la terreur à mes sens agités!

SCÈNE II.

SÉMIRAMIS, AZÉMA.

AZÉMA.

MADAME, pardonnez si, sans être appelée,
De mortelles frayeurs trop justement troublée,
Je viens avec transport embrasser vos genoux.

SÉMIRAMIS.

Ah! princesse, parlez, que me demandez-vous?

AZÉMA.

D'arracher un héros au coup qui le menace,
De prévenir le crime, et de sauver Arzace.

SÉMIRAMIS.

Arzace? lui! quel crime?

AZÉMA.

Il devient votre époux·
Il me trahit, n'importe, il doit vivre pour vous.

SÉMIRAMIS.

Lui mon époux? grands dieux!

AZÉMA.

Quoi! l'hymen qui vous lie...

SÉMIRAMIS.

Cet hymen est affreux, abominable, impie.
Arzace! il est... parlez; je frissonne; achevez :
Quels dangers...? hâtez-vous...

AZÉMA.

Madame, vous savez
Que peut-être au moment que ma voix vous implore...

SÉMIRAMIS.

Eh bien?

AZÉMA.

Ce demi-dieu, que je redoute encore,

D'un secret sacrifice en doit être honoré
Au fond du labyrinthe à Ninus consacré
J'ignore quels forfaits il faut qu'Arzace expie.

SÉMIRAMIS.

Quels forfaits, justes dieux !

AZÉMA.

Cet Assur, cet impie,
Va violer la tombe où nul n'est introduit.

SÉMIRAMIS.

Qui ? lui ?

AZÉMA.

Dans les horreurs de la profonde nuit,
Des souterrains secrets, où sa fureur habile
A tout évènement se creusait un asile,
Ont servi les desseins de ce monstre odieux ;
Il vient braver les morts, il vient braver les dieux :
D'une main sacrilège, aux forfaits enhardie,
Du généreux Arzace il va trancher la vie.

SÉMIRAMIS.

O ciel ! qui vous l'a dit ? comment ? par quel détour ?

AZÉMA.

Fiez-vous à mon cœur éclairé par l'amour ;
J'ai vu du traître Assur la haine envenimée,
Sa faction tremblante, et par lui ranimée,
Ses amis rassemblés, qu'a séduits sa fureur.
De ses desseins secrets j'ai démêlé l'horreur
J'ai feint de réunir nos causes mutuelles ;
Je l'ai fait épier par des regards fidèles :
Il ne commet qu'à lui ce meurtre détesté
Il marche au sacrilège avec impunité.
Sûr que dans ce lieu saint nul n'osera paraître,
Que l'accès en est même interdit au grand-prêtre,

Il y vole : et le bruit par ses soins se répand
Qu'Arzace est la victime, et que la mort l'attend ;
Que Ninus dans son sang doit laver son injure.
On parle au peuple, aux grands, on s'assemble, on murmure
Je crains Ninus, Assur, et le ciel en courroux.

SÉMIRAMIS.

Eh bien ! chère Azéma, ce ciel parle par vous :
Il me suffit. Je vois ce qui me reste a faire.
On peut s'en reposer sur le cœur d'une mère.
Ma fille, nos destins à la fois sont remplis ;
Défendez votre époux, je vais sauver mon fils.

AZÉMA.

Ciel !

SÉMIRAMIS.

Prête à l'épouser, les dieux m'ont éclairée ;
Ils inspirent encore une mère éplorée :
Mais les moments sont chers. Laissez-moi dans ces lieux ;
Ordonnez en mon nom que les prêtres des dieux,
Que les chefs de l'État viennent ici se rendre.
(*Azéma passe dans le vestibule du temple; Sémiramis,*
de l'autre côté, s'avance vers le mausolée.)
Ombre de mon époux, je vais venger ta cendre.
Voici l'instant fatal où ta voix m'a promis
Que l'accès de ta tombe allait m'être permis :
J'obéirai ; mes mains, qui guidaient des armées,
Pour secourir mon fils, à ta voix sont armées.
Venez, gardes du trône, accourez à ma voix ;
D'Arzace désormais reconnaissez les lois :
Arzace est votre roi ; vous n'avez plus de reine ;
Je dépose en ses mains la grandeur souveraine.

Soyez ses défenseurs, ainsi que ses sujets.
Allez.

(Les gardes se rangent au fond de la scène.)
Dieux tout-puissants, secondez mes projets.
(Elle entre dans le tombeau.)

SCÈNE III.

AZÉMA, *revenant de la porte du temple sur le devant de la scène.*

QUE méditait la reine ? et quel dessein l'anime ?
A-t-elle encor le temps de prévenir le crime ?
O prodige, ô destin que je ne conçois pas !
Moment cher et terrible ! Arzace, Ninias !
Arbitres des humains, puissances que j'adore,
Me l'avez-vous rendu pour le ravir encore ?

SCÈNE IV.

AZÉMA, ARZACE ou NINIAS.

AZÉMA.

AH ! cher prince, arrêtez. Ninias, est-ce vous ?
Vous, le fils de Ninus, mon maître et mon époux ?

NINIAS.

Ah ! vous me revoyez confus de me connaître.
Je suis du sang des dieux, et je frémis d'en être.
Écartez ces horreurs qui m'ont environné,
Fortifiez ce cœur au trouble abandonné,
Encouragez ce bras prêt à venger un père.

AZÉMA.

Gardez-vous de remplir cet affreux ministère.

NINIAS.

Je dois un sacrifice, il le faut, j'obéis.

AZÉMA.

Non, Ninus ne veut pas qu'on immole son fils.

NINIAS.

Comment?

AZÉMA.

Vous n'irez point dans ce lieu redoutable,
Un traître y tend pour vous un piège inévitable.

NINIAS.

Qui peut me retenir? et qui peut m'effrayer?

AZÉMA.

C'est vous que dans la tombe on va sacrifier;
Assur, l'indigne Assur a d'un pas sacrilège
Violé du tombeau le divin privilège :
Il vous attend.

NINIAS.

Grands dieux! tout est donc éclairci.
Mon cœur est rassuré, la victime est ici.
Mon père, empoisonné par ce monstre perfide,
Demande à haute voix le sang du parricide.
Instruit par le grand-prêtre, et conduit par le ciel,
Par Ninus même armé contre le criminel,
Je n'aurai qu'à frapper la victime funeste
Qu'amène à mon courroux la justice céleste.
Je vois trop que ma main, dans ce fatal moment,
D'un pouvoir invincible est l'aveugle instrument.
Les dieux seuls ont tout fait, et mon âme étonnée
S'abandonne à la voix qui fait ma destinée.
Je vois que, malgré nous, tous nos pas sont marqués;
Je vois que des enfers ces mânes évoqués
Sur le chemin du trône ont semé les miracles :
J'obéis sans rien craindre, et j'en crois les oracles.

9.

AZÉMA.

Tout ce qu'ont fait les dieux ne m'apprend qu'à frémir :
Ils ont aimé Ninus, ils l'ont laissé périr.

NINIAS.

Ils le vengent enfin : étouffez ce murmure.

AZÉMA.

Ils choisissent souvent une victime pure :
Le sang de l'innocence a coulé sous leurs coups.

NINIAS.

Puisqu'ils nous ont unis, ils combattent pour nous.
Ce sont eux qui parlaient par la voix de mon père.
Ils me rendent un trône, une épouse, une mère ;
Et, couvert à vos yeux du sang du criminel,
Ils vont de ce tombeau me conduire à l'autel.
J'obéis, c'est assez, le ciel fera le reste.

SCÈNE V

AZÉMA, seule.

DIEUX, veillez sur ses pas dans ce tombeau funeste.
Que voulez-vous? quel sang doit aujourd'hui couler?
Impénétrables dieux, vous me faites trembler.
Je crains Assur, je crains cette main sanguinaire ;
Il peut percer le fils sur la cendre du père.
Abîmes redoutés, dont Ninus est sorti,
Dans vos antres profonds que ce monstre englouti
Porte au sein des enfers la fureur qui le presse!
Cieux, tonnez! cieux, lancez la foudre vengeresse!
O son père! ô Ninus! quoi! tu n'as pas permis
Qu'une épouse éplorée accompagnât ton fils!
Ninus, combats pour lui dans ce lieu de ténèbres!
Qu'entends-je pas sa voix parmi des cris funèbres?

lt ce sacré tombeau, profané par mes pas,
vrir pour me punir les gouffres du trépas,
y descendrai, j'y vole... Ah! quels coups de tonnerre
t enflammé le ciel et font trembler la terre!
crains, j'espère... Il vient.

SCÈNE VI.

NINIAS, *une épée sanglante à la main*, AZÉMA.

NINIAS.

Ciel! où suis-je?

AZÉMA.

Ah! seigneur,

ous êtes teint de sang, pâle, glacé d'horreur.

NINIAS, *d'un air égaré.*

ous me voyez couvert du sang du parricide.
u fond de ce tombeau mon père était mon guide
errais dans les détours de ce grand monument,
ein de respect, d'horreur et de saisissement;
marchait devant moi : j'ai reconnu la place
ue son ombre en courroux marquait à mon audace.
uprès d'une colonne, et loin de la clarté
ui suffisait à peine à ce lieu redouté,
ai vu briller le fer dans la main du perfide;
ai cru le voir trembler, tout coupable est timide.
ai deux fois dans son flanc plongé ce fer vengeur
t d'un bras tout sanglant, qu'animait ma fureur,
éja je le traînais, roulant sur la poussière,
ers les lieux d'où partait cette faible lumière :
lais, je vous l'avouerai, ses sanglots redoublés,
es cris plaintifs et sourds, et mal articulés,
es dieux qu'il invoquait, et le repentir même
ui semblait le saisir à son heure suprême;

La sainteté du lieu ; la pitié, dont la voix,
Alors qu'on est vengé fait entendre ses lois ;
Un sentiment confus, qui même m'épouvante,
M'ont fait abandonner la victime sanglante.
Azéma, quel est donc ce trouble, cet effroi,
Cette invincible horreur qui s'empare de moi ?
Mon cœur est pur, ô dieux ! mes mains sont innocentes
D'un sang proscrit par vous vous les voyez fumantes.
Quoi ! j'ai servi le ciel, et je sens des remords !

AZÉMA.

Vous avez satisfait la nature et les morts.
Quittons ce lieu terrible, allons vers votre mère ;
Calmez à ses genoux ce trouble involontaire :
Et puisqu'Assur n'est plus...

SCÈNE VII.

NINIAS, AZÉMA, ASSUR.

(Assur paraît dans l'enfoncement avec Otane et les gardes de la reine.)

AZÉMA.

                    CIEL ! Assur à mes yeux !

NINIAS.

Assur ?

AZÉMA.

        Accourez tous, ministres de nos dieux,
Ministres de nos rois, défendez votre maître.

SCÈNE VIII.

LE GRAND-PRÊTRE OROÈS, LES MAGES ET LE PEUPLE,
NINIAS, AZÉMA, ASSUR *désarmé*, MITRANE,
OTANE.

OTANE.

Il n'en est pas besoin ; j'ai fait saisir le traître
Lorsque dans ce lieu saint il allait pénétrer :
La reine l'ordonna ; je viens vous le livrer

NINIAS.

Qu'ai-je fait ? et quelle est la victime immolée ?

OROÈS.

Le ciel est satisfait ; la vengeance est comblée.
       (En montrant Assur.)
euples, de votre roi voilà l'empoisonneur ;
       (En montrant Ninias.)
Peuples, de votre roi voilà le successeur.
Je viens vous l'annoncer ; je viens le reconnaître ;
Revoyez Ninias, et servez votre maître.

ASSUR.

Toi Ninias ?

OROÈS.

       Lui-même : un dieu qui l'a conduit
Le sauva de ta rage, et ce dieu te poursuit.

ASSUR.

Toi, de Sémiramis tu reçus la naissance ?

NINIAS.

Oui ; mais pour te punir j'ai reçu sa puissance
Allez, délivrez-moi de ce monstre inhumain :
Il ne méritait pas de tomber sous ma main.

Qu'il meure dans l'opprobre, et non de mon épée ;
Et qu'on rende au trépas ma victime échappée.

*(Sémiramis paraît au pied du tombeau, mourante ;
un mage qui est à cette porte la relève.)*

ASSUR.

Va : mon plus grand supplice est de te voir mon roi ;

(Apercevant Sémiramis.)

Mais je te laisse encor plus malheureux que moi :
Regarde ce tombeau ; contemple ton ouvrage.

NINIAS.

Quelle victime, ô ciel, a donc frappé ma rage ?

AZÉMA.

Ah ! fuyez, cher époux !

MITRANE.

Qu'avez-vous fait ?

OROÈS, *se mettant entre le tombeau et Ninias.*

Sortez ;

Venez purifier vos bras ensanglantés ;
Remettez dans mes mains ce glaive trop funeste,
Cet aveugle instrument de la fureur céleste.

NINIAS, *courant vers Sémiramis.*

Ah ! cruels, laissez-moi le plonger dans mon cœur.

OROÈS, *tandis qu'on le désarme.*

Gardez de le laisser à sa propre fureur.

SÉMIRAMIS, *qu'on fait avancer, et qu'on place sur un
fauteuil.*

Viens me venger, mon fils : un monstre sanguinaire,
Un traître, un sacrilège, assassine ta mère.

NINIAS.

O jour de la terreur ! ô crimes inouïs !
Ce sacrilège affreux, ce monstre, est votre fils.

'Au sein qui m'a nourri cette main s'est plongée :
Je vous suis dans la tombe, et vous serez vengée.

SÉMIRAMIS.

Hélas ! j'y descendis pour défendre tes jours.
Ta malheureuse mère allait à ton secours...
J'ai reçu de tes mains la mort qui m'était due.

NINIAS.

Ah ! c'est le dernier trait à mon âme éperdue.
J'atteste ici les dieux qui conduisaient mon bras,
Ces dieux qui m'égaraient...

SÉMIRAMIS.

              Mon fils, n'achève pas :
Je te pardonne tout, si, pour grâce dernière,
Une si chère main ferme au moins ma paupière.

(Il se jette à genoux.)

Viens, je te le demande, au nom du même sang
Qui t'a donné la vie et qui sort de mon flanc.
Ton cœur n'a pas sur moi conduit ta main cruelle.
Quand Ninus expira, j'étais plus criminelle :
J'en suis assez punie. Il est donc des forfaits
Que le courroux des dieux ne pardonne jamais !
Ninias, Azéma, que votre hymen efface
L'opprobre dont mon crime a souillé votre race ;
D'une mère expirante approchez-vous tous deux ;
Donnez-moi votre main ; vivez, régnez heureux :
Cet espoir me console, il mêle quelque joie
Aux horreurs de la mort où mon âme est en proie.
Je la sens... elle vient... songe à Sémiramis,
Ne hais point sa mémoire : ô mon fils ! mon cher fils...
C'en est fait.

OROÈS.

La lumière à ses yeux est ravie.

Secourez Ninias, prenez soin de sa vie.
Par ce terrible exemple apprenez tous du moins
Que les crimes secrets ont les dieux pour témoins.
Plus le coupable est grand, plus grand est le supplice
Rois, tremblez sur le trône, et craignez leur justice.

FIN DE SÉMIRAMIS.

NANINE,

OU

LE PREJUGE VAINCU,

COMÉDIE,

Représentée pour la première fois, le 16 juin
1749·

PRÉFACE.

ᴄᴇᴛᴛᴇ bagatelle fut représentée à Paris dans
été de 1749, parmi la foule des spectacles
u'on donne à Paris tous les ans.

Dans cette autre foule, beaucoup plus nom-
reuse, de brochures dont on est inondé, il en
arut une dans ce temps-là qui mérite d'être
istinguée. C'est une dissertation ingénieuse et
pprofondie d'un académicien de la Rochelle
ır cette question, qui semble partager depuis
uelques années la littérature ; savoir, s'il est
ermis de faire des comédies attendrissantes. Il
araît se déclarer fortement contre ce genre,
ont la petite comédie de Nanine tient beau-
up en quelques endroits. Il condamne avec
ison tout ce qui aurait l'air d'une tragédie
ourgeoise. En effet que serait-ce qu'une in-
igue tragique entre des hommes du commun ?
: serait seulement avilir le cothurne ; ce serait
anquer à la fois l'objet de la tragédie et de la
médie ; ce serait une espèce bâtarde, un
onstre, né de l'impuissance de faire une co-
édie et une tragédie véritable.

Cet académicien judicieux blâme surtout les
trigues romanesques et forcées dans ce genre

de comédie, où l'on veut attendrir les spect
teurs, et qu'on appelle, par dérision, coméd
larmoyante. Mais dans quel genre les intrigu
romanesques et forcées peuvent-elles être a
mises? ne sont-elles pas toujours un vice esse
tiel dans quelque ouvrage que ce puisse être
Il conclut enfin en disant que, si dans une c
médie l'attendrissement peut aller quelquefo
jusqu'aux larmes, il n'appartient qu'à la passi
de l'amour de les faire répandre. Il n'entend pa
sans doute, l'amour tel qu'il est représenté da
les bonnes tragédies, l'amour furieux, barbar
funeste, suivi de crimes et de remords; il e
tend l'amour naïf et tendre, qui seul est du re
sort de la comédie.

Cette réflexion en fait naître une autre, qu'
soumet au jugement des gens de lettres; c'e
que, dans notre nation, la tragédie a commen
par s'approprier le langage de la comédie.
l'on y prend garde, l'amour dans beaucoup d'o
vrages, dont la terreur et la pitié devraient êt
l'ame, est traité comme il doit l'être en eff
dans le genre comique. La galanterie, les d
clarations d'amour, la coquetterie, la naïvet
la familiarité, tout cela ne se trouve que tr
chez nos héros et nos héroïnes de Rome et de
Grèce, dont nos théâtres retentissent; de so

u'en effet l'amour naïf et attendrissant dans
ne comédie n'est point un larcin fait à Melpo-
ène, mais c'est au contraire Melpomène qui
epuis long-temps a pris chez nous les brode-
uins de Thalie.

Qu'on jette les yeux sur les premières tra-
édies qui eurent de si prodigieux succès vers
e temps du cardinal de Richelieu, la Sopho-
isbe de Mairet, la Mariamne, l'Amour tyran-
ique, Alcionée : on verra que l'amour y parle
ɔujours sur un ton aussi familier et quelquefois
ussi bas que l'héroïsme s'y exprime avec une
mphase ridicule ; c'est peut-être la raison pour
aquelle notre nation n'eut en ce temps-là au-
une comédie supportable ; c'est qu'en effet le
héâtre tragique avait envahi tous les droits de
'autre : il est même vraisemblable que cette
aison détermina Molière à donner rarement
ux amants qu'il met sur la scène une passion
ive et touchante : il sentait que la tragédie
'avait prévenu.

Depuis la Sophonisbe de Mairet, qui fut la
oremière pièce dans laquelle on trouva quelque
égularité, on avait commencé à regarder les
déclarations d'amour des héros, les réponses
artificieuses et coquettes des princesses, les
peintures galantes de l'amour, comme des choses

essentielles au théâtre tragique. Il est resté des
écrits de ce temps-là, dans lesquels on cite avec
de grands éloges ces vers que dit Massinisse
après la bataille de Cirthe :

> J'aime plus de moitié quand je me sens aimé ;
> Et ma flamme s'accroît par un cœur enflammé :
> Comme par une vague une vague s'irrite,
> Un soupir amoureux par un autre s'excite.
> Quand les chaînes d'hymen étreignent deux esprits,
> Un plaisir doit se rendre aussitôt qu'il est pris.

Cette habitude de parler ainsi d'amour influa
sur les meilleurs esprits ; et ceux même dont le
génie mâle et sublime était fait pour rendre en
tout à la tragédie son ancienne dignité se lais-
sèrent entraîner à la contagion.

On vit, dans les meilleures pièces,

> . . . . Un malheureux visage

qui   D'un chevalier romain captiva le courage.

Le héros dit à sa maîtresse :

> Adieu, trop vertueux objet et trop charmant.

L'héroïne lui répond :

> Adieu, trop malheureux et trop parfait amant.

Cléopâtre dit qu'une princesse

> . . . . Aimant sa renommée,
> En avouant qu'elle aime, est sûre d'être aimée.

Que César

> . . . Trace des soupirs, et, d'un style plaintif,
> Dans son champ de victoire il se dit son captif.

Elle ajoute qu'il ne tient qu'à elle d'avoir des rigueurs, et de rendre César malheureux ; sur quoi sa confidente lui répond :

> J'oserais bien jurer que vos charmants appas
> Se vantent d'un pouvoir dont ils n'useront pas.

Dans toutes les pièces du même auteur, qui suivent la mort de Pompée, on est obligé d'avouer que l'amour est toujours traité de ce ton familier. Mais, sans prendre la peine inutile de rapporter des exemples de ces défauts trop visibles, examinons seulement les meilleurs vers que l'auteur de Cinna ait fait débiter sur le théâtre, comme maximes de galanterie.

> Il est des nœuds secrets, il est des sympathies,
> Dont par le doux rapport les ames assorties
> S'attachent l'une à l'autre, et se laissent piquer
> Par ce je ne sais quoi qu'on ne peut expliquer.

De bonne foi, croirait-on que ces vers du haut comique fussent dans la bouche d'une princesse des Parthes, qui va demander à son amant la tête de sa mère ? Est-ce dans un jour si terrible qu'on parle « d'un je ne sais quoi, dont par le doux rapport les ames sont assorties ? » Sophocle aurait-il débité de tels madrigaux ? Et toutes ces petites sentences amoureuses ne sont-elles pas uniquement du ressort de la comédie ?

Le grand homme qui a porté à un si haut

point la véritable éloquence dans les vers, qui a fait parler à l'amour un langage à la fois si touchant et si noble, a mis cependant dans ses tragédies plus d'une scène que Boileau trouvait plus digne de la haute comédie de Térence que du rival et du vainqueur d'Euripide.

On pourrait citer plus de trois cents vers dans ce goût. Ce n'est pas que la simplicité, qui a ses charmes, la naïveté, qui quelquefois même tient du sublime, ne soient nécessaires pour servir ou de préparation ou de liaison et de passage au pathétique ; mais si ces traits naïfs et simples appartiennent même au tragique, à plus forte raison appartiennent-ils au grand comique. C'est dans ce point, où la tragédie s'abaisse et où la comédie s'élève, que ces deux arts se rencontrent et se touchent ; c'est là seulement que leurs bornes se confondent : et s'il est permis à Oreste et à Hermione de se dire :

> Ah ! ne souhaitez pas le destin de Pyrrhus ;
> Je vous haïrais trop. — Vous m'en aimeriez plus.
> Ah ! que vous me verriez d'un regard moins contraire !
> Vous me voulez aimer, et je ne puis vous plaire...
> Vous m'aimeriez, madame, en me voulant haïr. —
> Car enfin il vous hait ; son ame, ailleurs éprise,
> N'a plus — Qui vous l'a dit, seigneur, qu'il me méprise
> Jugez-vous que ma vue inspire des mépris ?

Si ces héros, dis-je, se sont exprimés avec cette

miliarité, à combien plus forte raison le Mi-
anthrope est-il bien reçu à dire à sa maîtresse,
vec véhémence :

> Rougissez bien plutôt, vous en avez raison ;
> Et j'ai de sûrs témoins de votre trahison.
>
> . . . .
>
> Ce n'était pas en vain que s'alarmait ma flamme.
>
> . . . .
>
> Mais ne présumez pas que, sans être vengé,
> Je succombe à l'affront de me voir outragé.
>
> . . . .
>
> C'est une trahison, c'est une perfidie
> Qui ne saurait trouver de trop grands châtiments.
> Oui, je peux tout permettre à mes ressentiments :
> Redoutez tout, madame, après un tel outrage :
> Je ne suis plus à moi ; je suis tout à la rage.
> Percé du coup mortel dont vous m'assassinez,
> Mes sens par la raison ne sont plus gouvernés.

Certainement si toute la pièce du Misan-
rope était dans ce goût, ce ne serait plus une
médie ; si Oreste et Hermione s'exprimaient
ijours comme on vient de le voir, ce ne se-
t plus une tragédie : mais après que ces deux
ires si différents se sont ainsi rapprochés, ils
itrent chacun dans leur véritable carrière ;
n reprend le ton plaisant, et l'autre le ton su-
me.

La comédie, encore une fois, peut donc se
ssionner, s'emporter, attendrir, pourvu

qu'ensuite elle fasse rire les honnêtes gens. Si elle manquait de comique, si elle n'était que larmoyante, c'est alors qu'elle serait un genre très vicieux et très désagréable.

On avoue qu'il est rare de faire passer les spectateurs insensiblement de l'attendrissement au rire : mais ce passage, tout difficile qu'il est de le saisir dans une comédie, n'en est pas moins naturel aux hommes. On a déjà remarqué ailleurs que rien n'est plus ordinaire que des aventures qui affligent l'ame, et dont certaines circonstances inspirent ensuite une gaîté passagère. C'est ainsi malheureusement que le genre humain est fait. Homère représente même les dieux riant de la mauvaise grâce de Vulcain, dans le temps qu'ils décident du destin du monde. Hector sourit de la peur de son fils Astyanax, tandis qu'Andromaque répand des larmes.

On voit souvent, jusque dans l'horreur des batailles, des incendies, de tous les désastres qui nous affligent, qu'une naïveté, un bon mot, excitent le rire jusque dans le sein de la désolation et de la pitié. On défendit à un régiment, dans la bataille de Spire, de faire quartier ; un officier allemand demande la vie à l'un des nôtres, qui lui répond : « Monsieur, demandez- « moi toute autre chose, mais pour la vie, il

« n'y a pas moyen. » Cette naiveté passe aussitôt de bouche en bouche, et on rit au milieu du
carnage. A combien plus forte raison le rire
peut-il succéder dans la comédie à des sentiments touchants! Ne s'attendrit-on pas avec
Alcmène? Ne rit-on pas avec Sosie? Quel mi-
sérable et vain travail de disputer contre l'expérience! Si ceux qui disputent ainsi ne se
payaient pas de raison, et aimaient mieux des
vers, on leur citerait ceux-ci :

> L'amour règne par le délire
> Sur ce ridicule univers:
> Tantôt aux esprits de travers
> Il fait rimer de mauvais vers;
> Tantôt il renverse un empire.
> L'œil en feu, le fer à la main,
> Il frémit dans la tragédie;
> Non moins touchant, et plus humain,
> Il anime la comédie:
> Il affadit dans l'élégie,
> Et, dans un madrigal badin,
> Il se joue aux pieds de Sylvie.
> Tous les genres de poésie,
> De Virgile jusqu'à Chaulieu,
> Sont aussi soumis à ce dieu
> Que tous les états de la vie.

PERSONNAGES.

LE COMTE D'OLBAN, seigneur retiré à la campagne.

LA BARONNE DE L'ORME, parente du comte, femme impérieuse, aigre, difficile à vivre.

LA MARQUISE D'OLBAN, mère du comte.

NANINE, fille élevée dans la maison du comte.

PHILIPPE HOMBERT, paysan du voisinage.

BLAISE, jardinier.

GERMON,
MARIN, } domestiques.

La scène est dans le château du comte d'Olban

NANINE,

COMÉDIE.

ACTE PREMIER.

SCÈNE I.

LE COMTE D'OLBAN, LA BARONNE DE L'ORME.

LA BARONNE.

Il faut parler, il faut, monsieur le comte,
Vous expliquer nettement sur mon compte.
Ni vous ni moi n'avons un cœur tout neuf;
Vous êtes libre, et depuis deux ans veuf :
Devers ce temps j'eus cet honneur moi-même;
Et nos procès, dont l'embarras extrême
Était si triste et si peu fait pour nous,
Sont enterrés, ainsi que mon époux.

LE COMTE.

Oui, tout procès m'est fort insupportable.

LA BARONNE.

Ne suis-je pas comme eux fort haïssable ?

LE COMTE.

Qui ? vous, madame ?

LA BARONNE.

   Oui, moi. Depuis deux ans,
Libres tous deux, comme tous deux parents,
Pour terminer nous habitons ensemble :
Le sang, le goût, l'intérêt nous rassemble.

10.

LE COMTE.

Ah! l'intérêt! parlez mieux.

LA BARONNE.

Non, monsieur.

Je parle bien, et c'est avec douleur,
Et je sais trop que votre ame inconstânte
Ne me voit plus que comme une parente.

LE COMTE.

Je n'ai pas l'air d'un volage, je croi.

LA BARONNE.

Vous avez l'air de me manquer de foi.

LE COMTE, à part.

Ah!

LA BARONNE.

Vous savez que cette longue guerre,
Que mon mari vous faisait pour ma terre,
A dû finir en confondant nos droits
Dans un hymen dicté par notre choix :
Votre promesse à ma foi vous engage :
Vous différez, et qui diffère outrage.

LE COMTE.

J'attends ma mère.

LA BARONNE.

Elle radote : bon !

LE COMTE.

Je la respecte, et je l'aime.

LA BARONNE.

Et moi, non.

Mais pour me faire un affront qui m'étonne,
Assurément vous n'attendez personne,
Perfide! ingrat!

LE COMTE.

D'où vient ce grand courroux?
Qui vous a donc dit tout cela?

LA BARONNE.

Qui? vous!
Vous, votre ton, votre air d'indifférence,
Votre conduite, en un mot, qui m'offense
Qui me soulève, et qui choque mes yeux!
Ayez moins tort, ou défendez-vous mieux.
Ne vois-je pas l'indignité, la honte,
L'excès, l'affront du goût qui vous surmonte?
Quoi! pour l'objet le plus vil, le plus bas,
Vous me trompez!

LE COMTE.

Non, je ne trompe pas;
Dissimuler n'est pas mon caractère:
J'étais à vous, vous aviez su me plaire,
Et j'espérais avec vous retrouver
Ce que le ciel a voulu m'enlever,
Goûter en paix, dans cet heureux asile,
Les nouveaux fruits d'un nœud doux et tranquille;
Mais vous cherchez à détruire vos lois.
Je vous l'ai dit, l'amour a deux carquois;
L'un est rempli de ces traits tout de flamme,
Dont la douceur porte la paix dans l'ame,
Qui rend plus purs nos goûts, nos sentiments,
Nos soins plus vifs, nos plaisirs plus touchants:
L'autre n'est plein que de flèches cruelles,
Qui, répandant les soupçons, les querelles,
Rebutent l'ame, y portent la tiédeur,
Font succéder les dégoûts à l'ardeur:

Voilà les traits que vous prenez vous-même
Contre nous deux ; et vous voulez qu'on aime !

LA BARONNE.

Oui, j'aurai tort ! Quand vous vous détachez,
C'est donc à moi que vous le reprochez.
Je dois souffrir vos belles incartades,
Vos procédés, vos comparaisons fades.
Qu'ai-je donc fait, pour perdre votre cœur ?
Que me peut-on reprocher ?

LE COMTE.

Votre humeur.
N'en doutez pas : oui, la beauté, madame,
Ne plaît qu'aux yeux ; la douceur charme l'âme.

LA BARONNE.

Mais êtes-vous sans humeur, vous ?

LE COMTE.

Moi ? non ;
J'en ai sans doute, et, pour cette raison,
Je veux, madame, une femme indulgente,
Dont la beauté douce et compatissante
A mes défauts facile à se plier,
Daigne avec moi me réconcilier,
Me corriger sans prendre un ton caustique,
Me gouverner sans être tyrannique,
Et dans mon cœur pénétrer pas à pas,
Comme un jour doux dans des yeux délicats.
Qui sent le joug le porte avec murmure ;
L'amour tyran est un dieu que j'abjure.
Je veux aimer, et ne veux point servir ;
C'est votre orgueil qui peut seul m'avilir.
J'ai des défauts ; mais le ciel fit les femmes
Pour corriger le levain de nos âmes,

Pour adoucir nos chagrins, nos humeurs,
Pour nous calmer, pour nous rendre meilleurs.
C'est là leur lot; et pour moi, je préfère
Laideur affable à beauté rude et fière.

LA BARONNE.

C'est fort bien dit, traître! vous prétendez,
Quand vous m'outrez, m'insultez, m'excédez,
Que je pardonne, en lâche complaisante,
De vos amours la honte extravagante?
Et qu'à mes yeux un faux air de hauteur
Excuse en vous les bassesses du cœur?

LE COMTE.

Comment, madame?

LA BARONNE.

　　　　Oui, la jeune Nanine
Fait tout mon tort. Un enfant vous domine,
Une servante, une fille des champs,
Que j'élevai par mes soins imprudents,
Que par pitié votre facile mère
Daigna tirer du sein de la misère.
Vous rougissez.

LE COMTE.

Moi! je lui veux du bien.

LA BARONNE.

Non, vous l'aimez, j'en suis très sûre.

LE COMTE.

　　　　　　　Eh bien!
Si je l'aimais, apprenez donc, madame,
Que hautement je publierais ma flamme.

LA BARONNE.

Vous en êtes capable.

LE COMTE.

Assurément,

LA BARONNE.

Vous oseriez trahir impudemment
De votre rang toute la bienséance;
Humilier ainsi votre naissance;
Et, dans la honte où vos sens sont plongés,
Braver l'honneur!

LE COMTE.

Dites, les préjugés.

Je ne prends point, quoi qu'on en puisse croire,
La vanité pour l'honneur et la gloire.
L'éclat vous plaît; vous mettez la grandeur
Dans des blasons : je la veux dans le cœur.
L'homme de bien, modeste avec courage,
Et la beauté spirituelle, sage,
Sans bien, sans nom, sans tous ces titres vains,
Sont à mes yeux les premiers des humains.

LA BARONNE.

Il faut au moins être bon gentilhomme.
Un vil savant, un obscur honnête homme,
Serait chez vous, pour un peu de vertu,
Comme un seigneur avec honneur reçu?

LE COMTE.

Le vertueux aurait la préférence.

LA BARONNE.

Peut-on souffrir cette humble extravagance?
Ne doit-on rien, s'il vous plaît, à son rang?

LE COMTE.

Être honnête homme est ce qu'on doit.

LA BARONNE.   Mon sang

Exigerait un plus haut caractère.

LE COMTE.

Il est très haut, il bravé le vulgaire.

LA BARONNE.

Vous dégradez ainsi la qualité !

LE COMTE.

Non ; mais j'honore ainsi l'humanité.

LA BARONNE.

Vous êtes fou ; quoi ! le public, l'usage... !

LE COMTE.

L'usage est fait pour le mépris du sage ;
Je me conforme à ses ordres gênants ,
Pour mes habits , non pour mes sentiments.
Il faut être homme , et d'une ame sensée
Avoir à soi ses goûts et sa pensée.
Irai-je en sot aux autres m'informer
Qui je dois fuir, chercher, louer, blâmer ?
Quoi ! de mon être il faudra qu'on décide ?
J'ai ma raison ; c'est ma mode , et mon guide.
Le singe est né pour être imitateur,
Et l'homme doit agir d'après son cœur.

LA BARONNE.

Voilà parler en homme libre , en sage.
Allez, aimez des filles de village,
Cœur noble et grand, soyez l'heureux rival
Du magister et du greffier fiscal ;
Soutenez bien l'honneur de votre race.

LE COMTE.

Ah , juste ciel ! que faut-il que je fasse ?

SCÈNE II.

LE COMTE, LA BARONNE, BLAISE.

LE COMTE.

Que veux-tu, toi?

BLAISE.

C'est votre jardinier,
Qui vient, monsieur, humblement supplier
Votre grandeur....

LE COMTE.

Ma grandeur! Eh bien! Blaise,
Que te faut-il?

BLAISE.

Mais c'est, ne vous déplaise.
Que je voudrais me marier....

LE COMTE.

D'accord,
Très volontiers; ce projet me plaît fort.
Je t'aiderai; j'aime qu'on se marie :
Et la future, est-elle un peu jolie?

BLAISE.

Ah, oui, ma foi! c'est un morceau friand.

LA BARONNE.

Et Blaise en est aimé?

BLAISE.

Certainement.

LE COMTE.

Et nous nommons cette beauté divine?

BLAISE.

Mais, c'est....

LE COMTE.

Eh bien?

BLAISE.

C'est la belle Nanine.

LE COMTE.

Nanine?

LA BARONNE.

Ah! bon! Je ne m'oppose point
A de pareils amours.

LE COMTE, à part.

Ciel! à quel point
On m'avilit! Non, je ne le puis être.

BLAISE.

Ce parti-là doit bien plaire à mon maître.

LE COMTE.

Tu dis qu'on t'aime, impudent!

BLAISE.

Ah! pardon.

LE COMTE.

T'a-t-elle dit qu'elle t'aimât?

BLAISE.

Mais.... non,
Pas tout-à-fait; elle m'a fait entendre
Tant seulement qu'elle a pour nous du tendre;
D'un ton si bon, si doux, si familier,
Elle m'a dit cent fois, Cher jardinier,
Cher ami Blaise, aide-moi donc à faire
Un beau bouquet de fleurs; qui puisse plaire
A monseigneur, à ce maître charmant;
Et puis d'un air si touché, si touchant,
Elle faisait ce bouquet; et sa vue
Était troublée; elle était tout émue,

VOLTAIRE. IV.   11

Toute reveuse, avec un certain air,
Un air, là, qui,... peste, l'on y voit clair.

LE COMTE.

Blaise, va-t'en.... Quoi! j'aurais su lui plaire!

BLAISE.

Çà, n'allez pas traînasser notre affaire.

LE COMTE.

Hem!...

BLAISE.

Vous verrez comme ce terrain-là
Entre mes mains bientôt profitera.
Répondez donc; pourquoi ne me rien dire?

LE COMTE.

Ah! mon cœur est trop plein. Je me retire...
Adieu, madame.

SCÈNE III.

LA BARONNE, BLAISE.

LA BARONNE.

Il l'aime comme un fou,
J'en suis certaine. Et comment donc, par où,
Par quels attraits, par quelle heureuse adresse
A-t-elle pu me ravir sa tendresse?
Nanine! ô ciel! quel choix! quelle fureur!
Nanine! non; j'en mourrai de douleur.

BLAISE, *revenant.*

Ah! vous parlez de Nanine.

LA BARONNE.

Insolente!

BLAISE.

Est-il pas vrai que Nanine est charmante?

LA BARONNE.

Non.

BLAISE.

Eh ! si fait : parlez un peu pour nous,
Protégez Blaise.

LA BARONNE.

Ah, quels horribles coups !

BLAISE.

J'ai des écus ; Pierre Blaise mon père
M'a bien laissé trois bons journaux de terre :
Tout est pour elle, écus comptants, journaux,
Tout mon avoir, et tout ce que je vaux ;
Mon corps', mon cœur, tout moi-même, tout Blaise,

LA BARONNE.

Autant que toi crois que j'en serais aise ;
Mon pauvre enfant, si je puis te servir,
Tous deux ce soir je voudrais vous unir :
Je lui paierai sa dot.

BLAISE.

Digne baronne,
Que j'aimerai votre chère personne !
Que de plaisir ! est-il possible !

LA BARONNE.

Hélas !
Je crains, ami, de ne réussir pas.

BLAISE.

Ah ! par pitié, réussissez, madame.

LA BARONNE.

Va, plût au ciel qu'elle devînt ta femme !
Attends mon ordre.

BLAISE.

Eh ! puis-je attendre ?

LA BARONNE.

BLAISE.

Adieu. J'aurai, ma foi! cet enfant-là.

SCÈNE IV.

LA BARONNE.

VIT-ON jamais une telle aventure?
Peut-on sentir une plus vive injure,
Plus lâchement se voir sacrifier?
Le comte Olban rival d'un jardinier!
    (à un laquais.)
Holà! quelqu'un! Qu'on appelle Nanine.
C'est mon malheur qu'il faut que j'examine.
Où pourrait-elle avoir pris l'art flatteur,
L'art de séduire et de garder un cœur,
L'art d'allumer un feu vif et qui dure?
Où? dans ses yeux, dans la simple nature.
Je crois pourtant que cet indigne amour
N'a point encore osé se mettre au jour.
J'ai vu qu'Olban se respecte avec elle;
Ah! c'est encore une douleur nouvelle!
J'espérerais, s'il se respectait moins.
D'un amour vrai le traître a tous les soins.
Ah! la voici : je me sens au supplice.
Que la nature est pleine d'injustice!
A qui va-t-elle accorder la beauté?
C'est un affront fait à la qualité.
Approchez-vous, venez, mademoiselle.

SCÈNE V.

LA BARONNE, NANINE.

NANINE.

MADAME.

LA BARONNE.

Mais est-elle donc si belle ?
Ces grands yeux noirs ne disent rien du tout ;
Mais s'ils ont dit, J'aime.... ah ! je suis à bout
Possédons-nous. Venez.

NANINE.

Je viens me rendre
À mon devoir.

LA BARONNE.

Vous vous faites attendre
Un peu de temps ; avancez-vous. Comment !
Comme elle est mise ! et quel ajustement !
Il n'est pas fait pour une créature
De votre espèce.

NANINE.

Il est vrai. Je vous jure
Par mon respect, qu'en secret j'ai rougi
Plus d'une fois d'être vêtue ainsi ;
Mais c'est l'effet de vos bontés premières,
De ces bontés qui me sont toujours chères.
De tant de soins vous daigniez m'honorer !
Vous vous plaisiez vous-même à me parer.
Songez combien vous m'aviez protégée :
Sous cet habit je ne suis point changée.
Voudriez-vous, madame, humilier
Un cœur soumis, qui ne peut s'oublier ?

LA BARONNE.

Approchez-moi ce fauteuil.... Ah ! j'enrage....
D'où venez-vous ?

NANINE.

Je lisais.

LA BARONNE.

Quel ouvrage

NANINE.

Un livre anglais, dont on m'a fait présent.

LA BARONNE.

Sur quel sujet ?

NANINE.

Il est intéressant :
L'auteur prétend que les hommes sont frères,
Nés tous égaux : mais ce sont des chimères :
Je ne puis croire à cette égalité.

LA BARONNE.

Elle y croira. Quel fonds de vanité !
Que l'on m'apporte ici mon écritoire....

NANINE.

J'y vais.

LA BARONNE.

Restez. Que l'on me donne à boire.

NANINE.

Quoi ?

LA BARONNE.

Rien. Prenez mon éventail.... Sortez.
Allez chercher mes gants.... Laissez.... Restez.
Avancez-vous.... Gardez-vous, je vous prie,
D'imaginer que vous soyez jolie.

NANINE.

Vous me l'avez si souvent répété

Que si j'avais ce fonds de vanité,
Si l'amour-propre avait gâté mon ame,
Je vous devrais ma guérison, madame.

LA BARONNE.

Où trouve-t-elle ainsi ce qu'elle dit?
Que je la hais! quoi! belle, et de l'esprit!
 (*avec dépit.*)
Écoutez-moi. J'eus bien de la tendresse
Pour votre enfance.

NANINE.

  Oui. Puisse ma jeunesse
Être honorée encor de vos bontés!

LA BARONNE.

Eh bien, voyez si vous les méritez.
Je prétends, moi, ce jour, cette heure même,
Vous établir; jugez si je vous aime.

NANINE.

Moi?

LA BARONNE.

  Je vous donne une dot. Votre époux
Est fort bien fait, et très digne de vous;
C'est un parti de tout point fort sortable;
C'est le seul même aujourd'hui convenable;
Et vous devez bien m'en remercier:
C'est, en un mot, Blaise le jardinier.

NANINE.

Blaise, madame?

LA BARONNE.

  Oui. D'où vient ce sourire?
Hésitez-vous un moment d'y souscrire?
Mes offres sont un ordre, entendez-vous?
Obéissez, ou craignez mon courroux.

NANINE.

Mais....

LA BARONNE.

Apprenez qu'un *mais* est une offense.
Il vous sied bien d'avoir l'impertinence
De refuser un mari de ma main !
Ce cœur si simple est devenu bien vain ;
Mais votre audace est trop prématurée ;
Votre triomphe est de peu de durée.
Vous abusez du caprice d'un jour,
Et vous verrez quel en est le retour.
Petite ingrate, objet de ma colère,
Vous avez donc l'insolence de plaire ?
Vous m'entendez ; je vous ferai rentrer
Dans le néant dont j'ai su vous tirer.
Tu pleureras ton orgueil, ta folie.
Je te ferai renfermer pour ta vie
Dans un couvent.

NANINE.

J'embrasse vos genoux ;
Renfermez-moi ; mon sort sera trop doux.
Oui, des faveurs que vouliez me faire,
Cette rigueur est pour moi la plus chère.
Enfermez-moi dans un cloître à jamais :
J'y bénirai mon maître, et vos bienfaits ;
J'y calmerai des alarmes mortelles,
Des maux plus grands, des craintes plus cruelles,
Des sentiments plus dangereux pour moi
Que ce courroux qui me glace d'effroi.
Madame, au nom de ce courroux extrême,
Délivrez-moi, s'il se peut, de moi-même ;
Dès cet instant je suis prête à partir.

LA BARONNE.

Est-il possible? et que viens-je d'ouir?
Est-il bien vrai? me trompez-vous, Nanine?

NANINE.

Non. Faites-moi cette faveur divine:
Mon cœur en a trop besoin.

LA BARONNE, *avec un emportement de tendresse.*

Lève-toi;
Que je t'embrasse. O jour heureux pour moi,
Ma chère amie! eh bien, je vais sur l'heure
Préparer tout pour ta belle demeure.
Ah! quel plaisir que de vivre en couvent!

NANINE.

C'est pour le moins un abri consolant.

LA BARONNE.

Non; c'est, ma fille, un séjour délectable.

NANINE.

Le croyez-vous?

LA BARONNE.

Le monde est haïssable,
Jaloux...

NANINE.

Oh! oui.

LA BARONNE.

Fou, méchant, vain, trompeur,
Changeant, ingrat; tout cela fait horreur.

NANINE.

Oui; j'entrevois qu'il me serait funeste,
Qu'il faut le fuir....

LA BARONNE.

La chose est manifeste;
11.

Un bon couvent est un port assuré!
Monsieur le comte, ah! je vous préviendrai,

NANINE.

Que dites-vous de monseigneur?

LA BARONNE.

Je t'aime

A la fureur; et dès ce moment même
Je voudrais bien te faire le plaisir
De t'enfermer pour ne jamais sortir.
Mais il est tard, hélas! il faut attendre
Le point du jour. Ecoute : il faut te rendre
Vers le minuit dans mon appartement.
Nous partirons d'ici secrètement
Pour ton couvent à cinq heures sonnantes :
Sois prête au moins.

SCÈNE VI.

NANINE.

QUELLES douleurs cuisantes!
Quel embarras! quel tourment! quel dessein!
Quels sentiments combattent dans mon sein!
Hélas! je fuis le plus aimable maître!
En le fuyant, je l'offense peut-être :
Mais, en restant, l'excès de ses bontés
M'attirerait trop de calamités,
Dans sa maison mettrait un trouble horrible.
Madame croit qu'il est pour moi sensible,
Que jusqu'à moi ce cœur peut s'abaisser :
Je le redoute, et n'ose le penser.
De quel courroux madame est animée!
Quoi! l'on me hait, et je crains d'être aimée!

Mais, moi ! mais, moi ! je me crains encor plus ;
Mon cœur troublé de lui-même est confus.
Que devenir ? De mon état tirée,
Pour mon malheur je suis trop éclairée.
C'est un danger, c'est peut-être un grand tort
D'avoir une ame au-dessus de son sort.
Il faut partir ; j'en mourrai, mais n'importe.

SCÈNE VII.

LE COMTE, NANINE, un laquais.

LE COMTE.

Holà ! quelqu'un, qu'on reste à cette porte.
Des sièges, vite.

*il fait la révérence à Nanine, qui lui en fait une
profonde.)*

Asseyons-nous ici.

NANINE.

Qui, moi, monsieur ?

LE COMTE.

                Oui, je le veux ainsi ;
Et je vous rends ce que votre conduite,
Votre beauté, votre vertu mérite.
Un diamant trouvé dans un désert
Est-il moins beau, moins précieux, moins cher ?
Quoi ! vos beaux yeux semblent mouillés de larmes !
Ah ! je le vois, jalouse de vos charmes,
Notre baronne aura, par ses aigreurs,
Par son courroux, fait répandre vos pleurs.

NANINE.

Non, monsieur, non ; sa bonté respectable
Jamais pour moi ne fut si favorable ;
Et j'avouerai qu'ici tout m'attendrit.

LE COMTE.

Vous me charmez; je craignais son dépit.

NANINE.

Hélas! pourquoi?

LE COMTE.

Jeune et belle Nanine,
La jalousie en tous les cœurs domine :
L'homme est jaloux dès qu'il peut s'enflammer ;
La femme l'est, même avant que d'aimer.
Un jeune objet, beau, doux, discret, sincère,
A tout son sexe est bien sûr de déplaire.
L'homme est plus juste ; et d'un sexe jaloux
Nous nous vengeons autant qu'il est en nous.
Croyez surtout que je vous rends justice :
J'aime ce cœur qui n'a point d'artifice ;
J'admire encore à quel point vous avez
Développé vos talents cultivés.
De votre esprit la naïve justesse
Me rend surpris autant qu'il m'intéresse.

NANINE.

J'en ai bien peu ; mais quoi ! je vous ai vu,
Et je vous ai tous les jours entendu :
Vous avez trop relevé ma naissance ;
Je vous dois trop ; c'est par vous que je pense.

LE COMTE.

Ah ! croyez-moi, l'esprit ne s'apprend pas.

NANINE.

Je pense trop pour un état si bas ;
Au dernier rang les destins m'ont comprise.

LE COMTE.

Dans le premier vos vertus vous ont mise,

Naïvement dites-moi quel effet
Ce livre anglais sur votre esprit a fait ?

LE COMTE.

NANINE.

Il ne m'a point du tout persuadée ;
Plus que jamais, monsieur, j'ai dans l'idée
Qu'il est des cœurs si grands, si généreux,
Que tout le reste est bien vil auprès d'eux.

LE COMTE.

Vous en êtes la preuve.... Ah çà, Nanine,
Permettez-moi qu'ici l'on vous destine
Un sort, un rang, moins indigne de vous.

NANINE.

Hélas ! mon sort était trop haut, trop doux.

LE COMTE.

Non. Désormais soyez de la famille :
Ma mère arrive ; elle vous voit en fille ;
Et mon estime, et sa tendre amitié
Doivent ici vous mettre sur un pied
Fort éloigné de cette indigne gêne
Où vous tenait une femme hautaine.

NANINE.

Elle n'a fait, hélas ! que m'avertir
De mes devoirs.... Qu'ils sont durs à remplir !

LE COMTE.

Quoi ! quel devoir ? Ah ! le vôtre est de plaire ;
Il est rempli : le nôtre ne l'est guère.
Il vous fallait plus d'aisance et d'éclat :
Vous n'êtes pas encor dans votre état.

NANINE.

J'en suis sortie, et c'est ce qui m'accable ;
C'est un malheur peut-être irréparable.

(se levant.)

Ah! monseigneur! ah! mon maître! écartez
De mon esprit toutes ces vanités;
De vos bienfaits confuse, pénétrée,
Laissez-moi vivre à jamais ignorée.
Le ciel me fit pour un état obscur;
L'humilité n'a pour moi rien de dur.
Ah! laissez-moi ma retraite profonde.
Et que ferais-je, et que verrais-je au monde,
Après avoir admiré vos vertus?

LE COMTE.

Non, c'en est trop, je n'y résiste plus.
Qui? vous obscure! vous!

NANINE.

Quoi que je fasse,
Puis-je de vous obtenir une grâce?

LE COMTE.

Qu'ordonnez-vous? parlez.

NANINE.

Depuis un temps
Votre bonté me comble de présents.

LE COMTE.

Eh bien! pardon. J'en agis comme un père,
Un père tendre à qui sa fille est chère.
Je n'ai point l'art d'embellir un présent;
Et je suis juste, et ne suis point galant.
De la fortune il faut venger l'injure :
Elle vous traita mal; mais la nature,
En récompense, a voulu vous doter
De tous ses biens; j'aurais dû l'imiter.

NANINE.

Vous en avez trop fait; mais je me flatte

ACTE I, SCÈNE VII.

Qu'il m'est permis, sans que je sois ingrate,
De disposer de ces dons précieux
Que votre main rend si chers à mes yeux.

LE COMTE.

Vous m'outragez

SCÈNE VIII.

LE COMTE, NANINE, GERMON.

GERMON.

Madame vous demande,
Madame attend.

LE COMTE.

Eh! que madame attende.
Quoi! l'on ne peut un moment vous parler,
Sans qu'aussitôt on vienne nous troubler?

NANINE.

Avec douleur, sans doute, je vous laisse;
Mais vous savez qu'elle fut ma maîtresse.

LE COMTE.

Non, non, jamais je ne veux le savoir.

NANINE.

Elle conserve un reste de pouvoir.

LE COMTE.

Elle n'en garde aucun, je vous assure.
Vous gémissez.... Quoi! votre cœur murmure!
Qu'avez-vous donc?

NANINE.

Je vous quitte à regret;
Mais il le faut.... O ciel, c'en est donc fait!

elle sort.

SCÈNE IX.

LE COMTE, GERMON.

LE COMTE.

ELLE pleurait. D'une femme orgueilleuse
Depuis long-temps l'aigreur capricieuse
La fait gémir sous trop de dureté;
Et de quel droit? par quelle autorité?
Sur ces abus ma raison se récrie.
Ce monde-ci n'est qu'une loterie
De biens, de rangs, de dignités, de droits,
Brigués sans titre, et répandus sans choix.
Hé!

GERMON.

Monseigneur.

LE COMTE.

Demain sur sa toilette
Vous porterez cette somme complète
De trois cents louis d'or; n'y manquez pas,
Puis vous irez chercher ces gens là-bas;
Ils attendront.

GERMON.

Madame la baronne
Aura l'argent que monseigneur me donne
Sur sa toilette.

LE COMTE.

Eh! l'esprit lourd! eh, non!
C'est pour Nanine, entendez-vous?

GERMON.

Pardon.

LE COMTE.

Allez, allez, laissez-moi.

(Germon sort.)

Ma tendresse
Assurément n'est point une faiblesse.
Je l'idolâtre, il est vrai ; mais mon cœur
Dans ses yeux seuls n'a point pris son ardeur.
Son caractère est fait pour plaire au sage ;
Et sa belle ame a mon premier hommage.
Mais son etat ?... Elle est trop au-dessus ;
Fût-il plus bas., je l'en aimerais plus.
Mais puis-je enfin l'épouser ? Oui, sans doute.
Pour être heureux qu'est-ce donc qu'il en coûte ?
D'un monde vain dois-je craindre l'écueil,
Et de mon goût me priver par orgueil ?
Mais la coutume ?... Eh bien ! elle est cruelle ;
Et la nature eut ses droits avant elle.
Eh quoi ! rival de Blaise ! Pourquoi non ?
Blaise est un homme ; il l'aime, il a raison.
Elle sera dans une paix profonde
Le bien d'un seul, et les désirs du monde.
Elle doit plaire aux jardiniers, aux rois ;
Et mon bonheur justifiera mon choix.

FIN DU PREMIER ACTE.

ACTE SECOND

SCÈNE I.

LE COMTE D'OLBAN, MARIN

LE COMTE.

Ah ! cette nuit est une année entière.
Que le sommeil est loin de ma paupière !
Tout dort ici ; Nanine dort en paix ;
Un doux repos rafraîchit ses attraits :
Et moi, je vais, je cours ; je veux écrire,
Je n'écris rien ; vainement je veux lire,
Mon œil troublé voit les mots sans les voir,
Et mon esprit ne les peut concevoir :
Dans chaque mot, le seul nom de Nanine
Est imprimé par une main divine.
Holà ! quelqu'un ! qu'on vienne. Quoi ! mes gens
Sont-ils pas las de dormir si long-temps ?
Germon ! Marin !

MARIN, *derrière le théâtre.*

J'accours.

LE COMTE.

Quelle paresse !
Eh ! venez vite ; il fait jour ; le temps presse :
Arrivez donc.

MARIN.

Eh ! monsieur, quel lutin
Vous a sans nous éveillé si matin ?

LE COMTE.

L'amour.

MARIN.

Oh! oh! la baronne de l'Orme
Ne permet pas qu'en ce logis on dorme.
Qu'ordonnez-vous?

LE COMTE.

Je veux, mon cher Marin,
Je veux avoir, au plus tard pour demain,
Six chevaux neufs, un nouvel équipage,
Femme de chambre adroite, bonne, et sage,
Valet de chambre avec deux grands laquais,
Point libertins, qui soient jeunes, bien faits;
Des diamants, des boucles des plus belles,
Des bijoux d'or, des étoffes nouvelles.
Pars dans l'instant, cours en poste à Paris;
Crève tous les chevaux.

MARIN.

Vous voilà pris:
J'entends, j'entends; madame la baronne
Est la maîtresse aujourd'hui qu'on nous donne?
Vous l'épousez?

LE COMTE.

Quel que soit mon projet,

Vole, et reviens.

MARIN.

Vous serez satisfait.

SCÈNE II.

LE COMTE, GERMON.

LE COMTE.

Quoi! j'aurai donc cette douceur extrême
De rendre heureux, d'honorer ce que j'aime.
Notre baronne avec fureur criera;
Très volontiers, et tant qu'elle voudra.
Les vains discours, le monde, la baronne,
Rien ne m'émeut, et je ne crains personne;
Aux préjugés c'est trop être soumis :
Il faut les vaincre, ils sont nos ennemis;
Et ceux qui font les esprits raisonnables,
Plus vertueux, sont les seuls respectables.
Eh ! mais.... quel bruit entends-je dans ma cour ?
C'est un carrosse. Oui.... mais.... au point du jour
Qui peut venir ?.... C'est ma mère, peut-être.
Germon....

GERMON, *arrivant.*

Monsieur.

LE COMTE.

Vois ce que ce peut être.

GERMON,

C'est un carrosse.

LE COMTE.

Eh qui ? par quel hasard ?

Qui vient ici ?

GERMON.

L'on ne vient point; l'on part?

LE COMTE.

Comment! on part ?

GERMON.

Madame la baronne

Sort tout à l'heure.

LE COMTE.

Oh ! je le lui pardonne

Que pour jamais puisse-t-elle sortir !

GERMON.

Avec Nanine elle est prête à partir.

LE COMTE.

Ciel ! que dis-tu ? Nanine ?

GERMON.

La suivante.

Le dit tout haut.

LE COMTE.

Quoi donc ?

GERMON.

Votre parente

Part avec elle ; elle va, ce matin,

Mettre Nanine à ce couvent voisin.

LE COMTE.

Courons, volons. Mais, quoi ! que vais-je faire ?

Pour leur parler je suis trop en colère :

N'importe : allons. Quand je devrais.... mais non !

On verrait trop toute ma passion.

Qu'on ferme tout, qu'on vole, qu'on l'arrête ;

Répondez-moi d'elle sur votre tête :

Amenez-moi Nanine.   (*Germon sort.*)

Ah ! juste ciel !

On l'enlevait. Quel jour ! quel coup mortel !

Qu'ai-je donc fait ? pourquoi ? par quel caprice ?

Par quelle ingrate et cruelle injustice

Qu'ai-je donc fait, hélas! que l'adorer,
Sans la contraindre, et sans me déclarer,
Sans alarmer sa timide innocence?
Pourquoi me fuir? je m'y perds, plus j'y pense,

SCÈNE III.

LE COMTE, NANINE.

LE COMTE.

BELLE Nanine, est-ce vous que je voi
Quoi! vous voulez vous dérober à moi
Ah! répondez, expliquez-vous, de grâce.
Vous avez craint, sans doute, la menace
De la baronne; et ces purs sentiments,
Que vos vertus m'inspirent dès long-temps,
Plus que jamais l'auront, sans doute, aigrie.
Vous n'auriez point de vous-même eu l'envie
De nous quitter; d'arracher à ces lieux
Le seul éclat que leur prêtaient vos yeux?
Hier au soir, de pleurs toute trempée,
De ce dessein étiez-vous occupée?
Répondez donc. Pourquoi me quittiez-vous?

NANINE.

Vous me voyez tremblante à vos genoux.

LE COMTE, *la relevant.*

Ah! parlez-moi. Je tremble plus encore.

NANINE.

Madame....

LE COMTE.

Eh bien?

NANINE.
                    Madame, que j'honore,
Pour le couvent n'a point forcé mes vœux.
              LE COMTE.
Ce serait vous? qu'entends-je? ah, malheureux!
              NANINE.
Je vous l'avoue; oui, je l'ai conjurée
De mettre un frein à mon ame égarée....
Elle voulait, monsieur, me marier.
              LE COMTE.
Elle! à qui donc?
              NANINE.
              A votre jardinier.
              LE COMTE.
Le digne choix!
              NANINE.
              Et moi, toute honteuse,
Plus qu'on ne croit peut-être malheureuse,
Moi qui repousse avec un vain effort
Des sentiments au-dessus de mon sort,
Que vos bontés avaient trop élevée,
Pour m'en punir, j'en dois être privée.
              LE COMTE.
Vous, vous punir? ah! Nanine! et de quoi?
              NANINE.
D'avoir osé soulever contre moi
Votre parente, autrefois ma maîtresse.
Je lui déplais; mon seul aspect la blesse:
Elle a raison; et j'ai près d'elle, hélas!
Un tort bien grand.... qui ne finira pas.
J'ai craint ce tort; il est peut-être extrême,
J'ai prétendu m'arracher à moi-même,

Et déchirer dans les austérités
Ce cœur trop haut, trop fier de vos bontés,
Venger sur lui sa faute involontaire.
Mais ma douleur, hélas ! la plus amère,
En perdant tout, en courant m'éclipser
En vous fuyant, fut de vous offenser.

LE COMTE, *se détournant et se promenant.*
Quels sentiments ! et quelle ame ingénue !
En ma faveur est-elle prévenue ?
A-t-elle craint de m'aimer ? ô vertu !

NANINE.
Cent fois pardon, si je vous ai déplu :
Mais permettez qu'au fond d'une retraite
J'aille cacher ma douleur inquiète,
M'entretenir en secret à jamais
De mes devoirs, de vous, de vos bienfaits.

LE COMTE.
N'en parlons plus. Écoutez : la baronne
Vous favorise, et noblement vous donne
Un domestique, un rustre pour époux :
Moi, j'en sais un moins indigne de vous :
Il est d'un rang fort au-dessus de Blaise,
Jeune, honnête homme ; il est fort à son aise :
Je vous réponds qu'il a des sentiments :
Son caractère est loin des mœurs du temps ;
Et je me trompe, ou pour vous j'envisage
Un destin doux, un excellent ménage.
Un tel parti flatte-t-il votre cœur ?
Vaut-il pas bien le couvent ?

NANINE.
                    Non, monsieur....
Ce nouveau bien que vous daignez me faire,

Je l'avouerai, ne peut me satisfaire.
Vous pénétrez mon cœur reconnaissant :
Daignez y lire, et voyez ce qu'il sent ;
Voyez sur quoi ma retraite se fonde.
Un jardinier, un monarque du monde,
Qui pour époux s'offriraient à mes vœux,
Également me déplairaient tous deux.

LE COMTE.

Vous décidez mon sort. Eh bien, Nanine,
Connaissez donc celui qu'on vous destine :
Vous l'estimez ; il est sous votre loi ;
Il vous adore, et cet époux.... c'est moi.
        (à part.)
L'étonnement, le trouble l'a saisie.
        (à Nanine.)
Ah ! parlez-moi : disposez de ma vie ;
Ah ! reprenez vos sens trop agités.

NANINE.

Qu'ai-je entendu ?

LE COMTE.

        Ce que vous méritez.

NANINE.

Quoi ! vous m'aimez ?.... Ah ! gardez-vous de croire
Que j'ose user d'une telle victoire.
Non, monsieur, non, je ne souffrirai pas
Qu'ainsi pour moi vous descendiez si bas :
Un tel hymen est toujours trop funeste ;
Le goût se passe, et le repentir reste.
J'ose à vos pieds attester vos aïeux....
Hélas ! sur moi ne jetez point les yeux.
Vous avez pris pitié de mon jeune âge ;
Formé par vous, ce cœur est votre ouvrage ;
                12

Il en serait indigne désormais
S'il acceptait le plus grand des bienfaits.
Oui, je vous dois des refus. Oui, mon ame
Doit s'immoler.

LE COMTE.

Non, vous serez ma femme,
Quoi ! tout-à-l'heure ici vous m'assuriez,
Vous l'avez dit, que vous refuseriez
Tout autre époux, fût-ce un prince.

NANINE.

Oui, sans doute,
Et ce n'est pas ce refus qui me coûte.

LE COMTE.

Mais me haïssez-vous ?

NANINE.

Aurais-je fui,
Craindrais-je tant, si vous étiez haï ?

LE COMTE.

Ah ! ce mot seul a fait ma destinée.

NANINE.

Eh ! que prétendez-vous ?

LE COMTE.

Notre hyménée.

NANINE.

Songez...

LE COMTE.

Je songe à tout.

NANINE.

Mais prévoyez...

LE COMTE.

Tout est prévu,

NANINE.

Si vous m'aimez, croyez....

LE COMTE.

Je crois former le bonheur de ma vie.

NANINE.

Vous oubliez....

LE COMTE.

Il n'est rien que j'oublie.

Tout sera prêt, et tout est ordonné....

NANINE.

Quoi! malgré moi votre amour obstiné....

LE COMTE.

Oui, malgré vous, ma flamme impatiente
Va tout presser pour cette heure charmante.
Un seul instant je quitte vos attraits,
Pour que mes yeux n'en soient privés jamais.
Adieu, Nanine, adieu, vous que j'adore.

SCÈNE IV.

NANINE.

CIEL! est-ce un rêve? et puis-je croire encore
Que je parvienne au comble du bonheur?
Non, ce n'est pas l'excès d'un tel honneur,
Tout grand qu'il est, qui me plaît et me frappe;
A mes regards tant de grandeur échappe
Mais épouser ce mortel généreux,
Lui, cet objet de mes timides vœux,
Lui, que j'avais tant craint d'aimer, que j'aime,
Lui, qui m'élève au-dessus de moi-même;
Je l'aime trop pour pouvoir l'avilir:
Je devrais.... Non, je ne puis plus le fuir;

Non.... Mon état ne saurait se comprendre.
Moi, l'épouser ! quel parti dois-je prendre ?
Le ciel pourra m'éclairer aujourd'hui ;
Dans ma faiblesse il m'envoie un appui.
Peut-être même...., Allons ; il faut écrire,
Il faut.... Par où commencer, et que dire ?
Quelle surprise ! Écrivons promptement,
Avant d'oser prendre un engagement.

(*elle se met à écrire.*)

SCÈNE V.

NANINE, BLAISE.

BLAISE.

Ah ! la voici. Madame la baronne
En ma faveur vous a parlé, mignonne.
Ouais, elle écrit sans me voir seulement.

NANINE, *écrivant toujours.*

Blaise, bon jour.

BLAISE.

Bon jour est sec, vraiment.

NANINE, *écrivant.*

A chaque mot mon embarras redouble ;
Toute ma lettre est pleine de mon trouble.

BLAISE.

Le grand génie ! elle écrit tout courant ;
Qu'elle a d'esprit ! et que n'en ai-je autant !
Ça, je disais....

NANINE.

Eh bien ?

ACTE II, SCÈNE V.

BLAISE.

Elle m'impose
Par son maintien ; devant elle je n'ose
M'expliquer.... là.... tout comme je voudrais :
Je suis venu cependant tout exprès.

NANINE.

Cher Blaise, il faut me rendre un grand service.

BLAISE.

Oh ! deux plutôt.

NANINE.

Je te fais la justice
De me fier à ta discrétion,
A ton bon cœur.

BLAISE.

Oh ! parlez sans façon :
Car, voyez-vous, Blaise est prêt à tout faire
Pour vous servir ; vite, point de mystère.

NANINE.

Tu vas souvent au village prochain,
A Rémival, à droite du chemin ?

BLAISE.

Oui.

NANINE.

Pourrais-tu trouver dans ce village
Philippe Hombert ?

BLAISE.

Non. Quel est ce visage ?
Philippe Hombert ? je ne connais pas ça

NANINE.

Hier au soir je crois qu'il arriva ;
Informe-t'en. Tâche de lui remettre,
Mais sans délai, cet argent, cette lettre,

BLAISE.

Oh ! de l'argent !

NANINE.

Donne aussi ce paquet :
Monte à cheval pour avoir plus tôt fait ;
Pars, et sois sûr de ma reconnaissance.

BLAISE.

J'irais pour vous au fin fond de la France.
Philippe Hombert est un heureux manant ;
La bourse est pleine : ah ! que d'argent comptant !
Est-ce une dette ?

NANINE.

Elle est très-avérée.
Il n'en est point, Blaise, de plus sacrée ;
Écoute : Hombert est peut-être inconnu ;
Peut-être même il n'est pas revenu.
Mon cher ami, tu me rendras ma lettre,
Si tu ne peux en ses mains la remettre.

BLAISE.

Mon cher ami !

NANINE.

Je me fie à ta foi.

BLAISE.

Son cher ami !

NANINE.

Va, j'attends tout de toi.

SCÈNE VI.

LA BARONNE, BLAISE.

BLAISE.

D'où diable vient cet argent? quel message!
Il nous aurait aidé dans le ménage!
Allons, elle a pour nous de l'amitié;
Et ça vaut mieux que de l'argent, morgué :
Courons, courons.
*(il met l'argent et le paquet dans sa poche; il rencontre
la baronne, et la heurte.)*

LA BARONNE.

Eh, le butor!... arrête.
L'étourdi m'a pensé casser la tête.

BLAISE.

Pardon, madame.

LA BARONNE.

Où vas-tu? que tiens-tu?
Que fait Nanine? As-tu rien entendu?
Monsieur le comte est-il bien en colère?
Quel billet est-ce là?

BLAISE.

C'est un mystère.

Peste!...

LA BARONNE.

Voyons.

BLAISE.

Nanine gronderait.

LA BARONNE.

Comment dis-tu? Nanine! elle pourrait

Avoir écrit, te charger d'un message !
Donne, ou je romps soudain ton mariage :
Donne, te dis-je.

BLAISE, *riant.*

Ho, ho.

LA BARONNE.

De quoi ris-tu :

BLAISE, *riant encore.*

Ha, ha.

LA BARONNE.

J'en veux savoir le contenu.

(*elle décachette la lettre.*)

Il m'intéresse, ou je suis bien trompée.

BLAISE, *riant encore.*

Ha, ha, ha, ha, qu'elle est bien attrapée.
Elle n'a là qu'un chiffon de papier ;
Moi, j'ai l'argent, et je m'en vais payer
Philippe Hombert : faut servir sa maîtresse.
Courons.

SCÈNE VII.

LA BARONNE.

LISONS. « Ma joie et ma tendresse
« Sont sans mesure, ainsi que mon bonheur :
« Vous arrivez, quel moment pour mon cœur !
« Quoi ! je ne puis vous voir et vous entendre !
« Entre vos bras je ne puis me jeter !
« Je vous conjure au moins de vouloir prendre
« Ces deux paquets ; daignez les accepter.
« Sachez qu'on m'offre un sort digne d'envie,
« Et dont il est permis de s'éblouir :

ACTE II, SCÈNE VII.

« Mais il n'est rien que je ne sacrifie
« Au seul mortel que mon cœur doit chérir. »
Ouais. Voilà donc le style de Nanine !
Comme elle écrit, l'innocente orpheline !
Comme elle fait parler la passion !
En vérité ce billet est bien bon.
Tout est parfait, je ne me sens pas d'aise.
Ah, ah, rusée, ainsi vous trompiez Blaise !
Vous m'enleviez en secret mon amant.
Vous avez feint d'aller dans un couvent ;
Et tout l'argent que le comte vous donne,
C'est pour Philippe Hombert ? fort bien, friponne,
J'en suis charmée, et le perfide amour
Du comte Olban méritait bien ce tour.
Je m'en doutais que le cœur de Nanine
Était plus bas que sa basse origine.

SCÈNE VIII.

LE COMTE, LA BARONNE.

LA BARONNE.

Venez, venez, homme à grands sentiments,
Homme au-dessus des préjugés du temps,
Sage amoureux, philosophe sensible,
Vous allez voir un trait assez risible.
Vous connaissez sans doute à Rémival
Monsieur Philippe Hombert, votre rival ?

LE COMTE.

Ah ! quels discours vous me tenez !

LA BARONNE.

Peut-être
Ce billet-là vous le fera connaître.
Je crois qu'Hombert est un fort beau garçon.

LE COMTE.

Tous vos efforts ne sont plus de saison :
Mon parti pris, je suis inébranlable.
Contentez-vous du tour abominable
Que vous vouliez me jouer ce matin.

LA BARONNE.

Ce nouveau tour est un peu plus malin.
Tenez, lisez. Ceci pourra vous plaire ;
Vous connaîtrez les mœurs, le caractère
Du digne objet qui vous a subjugué.

(tandis que le comte lit.)

Tout en lisant il me semble intrigué.
Il a pâli ; l'affaire émeut sa bile....
Eh bien ! monsieur, que pensez-vous du style ?
Il ne voit rien, ne dit rien, n'entend rien :
Oh ! le pauvre homme ! il le méritait bien.

LE COMTE.

Ai-je bien lu ? Je demeure stupide.
O tour affreux, sexe ingrat, cœur perfide !

LA BARONNE.

Je le connais, il est né violent ;
Il est prompt, ferme, il va dans un moment
Prendre un parti.

SCÈNE IX

LE COMTE, LA BARONNE, GERMON.

GERMON.

Voici dans l'avenue
Madame Olban;

LA BARONNE.

La vieille est revenue ?

GERMON.

Madame votre mère, entendez-vous ?
Est près d'ici, monsieur.

LA BARONNE.

Dans son courroux,

Il est devenu sourd. La lettre opère.

GERMON, criant.

Monsieur.

LE COMTE.

Plaît-il ?

GERMON, haut.

Madame votre mère,

Monsieur.

LE COMTE.

Que fait Nanine en ce moment ?

GERMON.

Mais.... elle écrit dans son appartement.

LE COMTE, d'un air froid et sec.

Allez saisir ses papiers, allez prendre
Ce qu'elle écrit ; vous viendrez me le rendre ;
Qu'on la renvoie à l'instant.

GERMON.

Qui, monsieur ?

LE COMTE.

Nanine.

GERMON.

Non, je n'aurais pas ce cœur :
Si vous saviez à quel point sa personne
Nous charme tous ; comme elle est noble, bonne!

LE COMTE.

Obéissez, ou je vous chasse.

GERMON.

Allons.   (il sort.)

SCÈNE X.

LE COMTE, LA BARONNE.

LA BARONNE.

Ah! je respire : enfin nous l'emportons ;
Vous devenez un homme raisonnable.
Ah çà, voyez s'il n'est pas véritable
Qu'on tient toujours de son premier état,
Et que les gens dans un certain éclat,
Ont un cœur noble, ainsi que leur personne ?
Le sang fait tout, et la naissance donne
Des sentiments à Nanine inconnus.

LE COMTE.

Je n'en crois rien ; mais soit, n'en parlons plus :
Réparons tout. Le plus sage, en sa vie,
A quelquefois ses accès de folie :
Chacun s'égare ; et le moins imprudent
Est celui-là qui plutôt se repent.

LA BARONNE.

Oui.

LE COMTE.

Pour jamais cessez de parler d'elle.

LA BARONNE.

Très volontiers.

LE COMTE.

Ce sujet de querelle
Doit s'oublier.

LA BARONNE.

Mais vous, de vos serments
Souvenez-vous,

LE COMTE.

Fort bien. Je vous entends ;
Je les tiendrai.

LA BARONNE.

Ce n'est qu'un prompt hommage
Qui peut ici réparer mon outrage.
Indignement notre hymen différé
Est un affront.

LE COMTE.

Il sera réparé.
Madame ; il faut....

LA BARONNE.

Il ne faut qu'un notaire.

LE COMTE.

Vous savez bien.... que j'attendais ma mère.

LA BARONNE.

Elle est ici.

SCÈNE XI.

LA MARQUISE, LE COMTE, LA BARONNE.

LE COMTE, *à sa mère.*

MADAME, j'aurais dû....
    (à part.)   *(à sa mère.)*
Philippe Hombert !..... Vous m'avez prévenu ;
Et mon respect, mon zèle, ma tendresse....
    (à part.)
Avec cet air innocent, la traîtresse !

LA MARQUISE.

Mais vous extravaguez, mon très cher fils.
On m'avait dit, en passant par Paris,

VOLTAIRE. IV.
                                    13

Que vous aviez la tête un peu frappée:
Je m'aperçois qu'on ne m'a pas trompée :
Mais ce mal-là...?

LE COMTE.

Ciel, que je suis confus !

LA MARQUISE.

Prend-il souvent ?

LE COMTE.

Il ne me prendra plus

LA MARQUISE.

Ça, je voudrais ici vous parler seule.
  (faisant une petite révérence à la baronne.)
Bon jour, madame.

LA BARONNE, à part.

Hom ! la vieille bégueule !

Madame, il faut vous laisser le plaisir
D'entretenir monsieur tout à loisir.
Je me retire.

(elle sort.)

SCÈNE XII.

LA MARQUISE, LE COMTE.

LA MARQUISE, parlant fort vite, et d'un ton de petit
vieille babillarde.

Eh bien ! monsieur le comte,

Vous faites donc à la fin votre compte
De me donner la baronne pour bru;
C'est sur cela que j'ai vite accouru.
Votre baronne est une acariâtre,
Impertinente, altière, opiniâtre,

Qui n'eut jamais pour moi le moindre égard ;
Qui l'an passé, chez la marquise Agard,
En plein souper me traita de bavarde :
D'y plus souper désormais dieu me garde !
Bavarde, moi ! Je sais d'ailleurs très bien
Qu'elle n'a pas, entre nous, tant de bien :
C'est un grand point ; il faut qu'on s'en informe ;
Car on m'a dit que son château de l'Orme
A son mari n'appartient qu'à moitié ;
Qu'un vieux procès, qui n'est pas oublié,
Lui disputait la moitié de la terre :
J'ai su cela de feu votre grand-père :
Il disait vrai, c'était un homme, lui :
On n'en voit plus de sa trempe aujourd'hui.
Paris est plein de ces petits bouts-d'homme,
Vains, fiers, fous, sots, dont le caquet m'assomme,
Parlant de tout avec l'air empressé,
Et se moquant toujours du temps passé
J'entends parler de nouvelle cuisine,
De nouveaux goûts ; on crève, on se ruine :
Les femmes sont sans frein, et les mari
Sont des benêts. Tout va de pis en pis.

> LE COMTE, *relisant le billet.*

Qui l'aurait cru ? ce trait me désespère,
Eh bien, Germon ?

SCÈNE XIII.

LA MARQUISE, LE COMTE, GERMON.

> GERMON.
> Voici votre notaire,

LE COMTE.

Oh! qu'il attende.

GERMON.

Et voici le papier
Qu'elle devait, monsieur, vous envoyer.

LE COMTE, *lisant*.

Donne...: Fort bien. Elle m'aime, dit-elle,
Et, par respect, me refuse...: Infidèle!
Tu ne dis pas la raison du refus!

LA MARQUISE.

Ma foi! mon fils a le cerveau perclus:
C'est sa baronne; et l'amour le domine.

LE COMTE, *à Germon*.

M'a-t-on bientôt délivré de Nanine?

GERMON.

Hélas! monsieur, elle a déja repris
Modestement ses champêtres habits,
Sans dire un mot de plainte et de murmure.

LE COMTE

Je le crois bien.

GERMON.

Elle a pris cette injure
Tranquillement, lorsque nous pleurons tous.

LE COMTE.

Tranquillement?

LA MARQUISE.

Hem! de qui parlez-vous?

GERMON.

Nanine, hélas! madame, que l'on chasse:
Tout le château pleure de sa disgrâce.

LA MARQUISE.

Vous la chassez ? je n'entends point cela.
Quoi ! ma Nanine ? Allons, rappelez-la.
Qu'a-t-elle fait, ma charmante orpheline ?
C'est moi, mon fils, qui vous donnai Nanine.
Je me souviens qu'à l'âge de dix ans
Elle enchantait tout le monde céans.
Notre baronne ici la prit pour elle ;
Et je prédis dès-lors que cette belle
Serait fort mal ; et j'ai très bien prédit :
Mais j'eus toujours chez vous peu de crédit,
Vous prétendez tout faire à votre tête.
Chasser Nanine est un trait mal-honnête.

LE COMTE.

Quoi ! seule, à pied, sans secours, sans argent ?

GERMON.

Ah ! j'oubliais de dire qu'à l'instant
Un vieux bon-homme à vos gens se présente :
Il dit que c'est une affaire importante,
Qu'il ne saurait communiquer qu'à vous ;
Il veut, dit-il, se mettre à vos genoux.

LE COMTE.

Dans le chagrin où mon cœur s'abandonne,
Suis-je en état de parler à personne ?

LA MARQUISE.

Ah ! vous avez du chagrin, je le croi ;
Vous m'en donnez aussi beaucoup à moi.
Chasser Nanine, et faire un mariage
Qui me déplaît ! non, vous n'êtes pas sage.
Allez ; trois mois ne seront pas passés
Que vous serez l'un de l'autre lassés.
Je vous prédis la pareille aventure

Qu'à mon cousin le marquis de Marmure.
Sa femme était aigre comme verjus ;
Mais, entre nous, la vôtre l'est bien plus.
En s'épousant, ils crurent qu'ils s'aimèrent ;
Deux mois après tous deux se séparèrent :
Madame alla vivre avec un galant,
Fat, petit-maître, escroc, extravagant ;
Et monsieur prit une franche coquette,
Une intrigante et fripponne parfaite ;
Des soupers fins, la petite maison,
Chevaux, habits, maître-d'hôtel fripon,
Bijoux nouveaux pris à crédit, notaires,
Contrats vendus, et dettes usuraires :
Enfin monsieur et madame, en deux ans,
A l'hôpital allèrent tout d'un temps.
Je me souviens encor d'une autre histoire,
Bien plus tragique, et difficile à croire ;
C'était....

LE COMTE.

    Ma mère, il faut aller dîner.
Venez.... O ciel ! ai-je pu soupçonner
Pareille horreur !

LA MARQUISE.

    Elle est épouvantable.
Allons, je vais la raconter à table ;
Et vous pourrez tirer un grand profit
En temps et lieu de tout ce que j'ai dit.

FIN DU SECOND ACTE.

ACTE TROISIÈME.

SCÈNE I.

NANINE, *vêtue en paysanne,* GERMON.

GERMON.

Nous pleurons tous en vous voyant sortir.

NANINE.

J'ai tardé trop ; il est temps de partir.

GERMON.

Quoi ! pour jamais, et dans cet équipage ?

NANINE.

L'obscurité fut mon premier partage.

GERMON.

Quel changement ! Quoi ! du matin au soir....
Souffrir n'est rien ; c'est tout que de déchoir.

NANINE.

Il est des maux mille fois plus sensibles.

GERMON.

J'admire encor des regrets si paisibles.
Certes, mon maître est bien mal avisé ;
Notre baronne a sans doute abusé
De son pouvoir, et vous fait cet outrage :
Jamais monsieur n'aurait eu ce courage.

NANINE.

Je lui dois tout : il me chasse aujourd'hui ;
Obéissons. Ses bienfaits sont à lui ;
Il peut user du droit de les reprendre.

GERMON.

A ce trait-là qui diable eût pu s'attendre?
En cet état qu'allez-vous devenir?

NANINE.

Me retirer, long-temps me repentir.

GERMON.

Que nous allons haïr notre baronne!

NANINE.

Mes maux sont grands, mais je les lui pardonne.

GERMON.

Mais que dirai-je au moins de votre part
A notre maître, après votre départ?

NANINE.

Vous lui direz que je le remercie
Qu'il m'ait rendue à ma première vie,
Et qu'à jamais sensible à ses bontés
Je n'oublierai.... rien.... que ses cruautés.

GERMON.

Vous me fendez le cœur, et tout-à-l'heure
Je quitterais pour vous cette demeure;
J'irais partout avec vous m'établir :
Mais monsieur Blaise a su nous prévenir;
Qu'il est heureux! avec vous il va vivre :
Chacun voudrait l'imiter, et vous suivre.

NANINE.

On est bien loin de me suivre.... Ah! Germon?
Je suis chassée.... et par qui!...

GERMON.

Le démon
A mis du sien dans cette brouillerie :
Nous vous perdons.... et monsieur se marie.

NANINE.

A se marie !.... Ah ! partons de ce lieu ;
Il fut pour moi trop dangereux.... Adieu....

(elle sort.)

GERMON.

Monsieur le comte a l'ame un peu bien dure :
Comment chasser pareille créature !
Elle paraît une fille de bien :
Mais il ne faut pourtant jurer de rien.

SCÈNE II.

LE COMTE, GERMON.

LE COMTE.

En bien ! Nanine est donc enfin partie ?

GERMON.

Oui, c'en est fait.

LE COMTE.

J'en ai l'ame ravie.

GERMON.

Votre ame est donc de fer.

LE COMTE.

Dans le chemin
Philippe Hombert lui donnait-il la main ?

GERMON.

Qui ! quel Philippe Hombert ? Hélas ! Nanine,
Sans écuyer, fort tristement chemine,
Et de ma main ne veut pas seulement.

LE COMTE.

Où donc va-t-elle ?

GERMON.

Où ? mais apparemment
Chez ses amis.   13.

LE COMTE.
A Rémival, sans doute ?

GERMON.
Oui, je crois bien qu'elle prend cette route.

LE COMTE.
Va la conduire à ce couvent voisin,
Où la baronne allait dès ce matin ;
Mon dessein est qu'on la mette sur l'heure
Dans cette utile et décente demeure ;
Ces cent louis la feront recevoir.
Va.... garde-toi de laisser entrevoir
Que c'est un don que je veux bien lui faire ;
Dis-lui que c'est un présent de ma mère'
Je te défends de prononcer mon nom.

GERMON.
Fort bien ; je vais vous obéir.

(il fait quelques pas.)

LE COMTE.
                    Germon ,
A son départ tu dis que tu l'as vue ?

GERMON.
Eh, oui, vous dis-je.

LE COMTE.
                Elle était abattue ?
Elle pleurait ?

GERMON.
            Elle faisait bien mieux,
Ses pleurs coulaient à peine de ses yeux ;
Elle voulait ne pas pleurer.

LE COMTE.
                    A-t-elle
Dit quelque mot qui marque, qui décèle
Ses sentiments ? as-tu remarqué...

GERMON.

Quoi?

LE COMTE.

A-t-elle enfin, Germon, parlé de moi?

GERMON.

Oh, oui, beaucoup.

LE COMTE,

Eh bien! dis-moi donc. traître!
Qu'a-t-elle dit?

GERMON.

Que vous êtes son maître;
Que vous avez des vertus, des bontés....
Qu'elle oubliera tout.... hors vos cruautés.

LE COMTE.

Va.... mais surtout garde qu'elle revienne.
(Germon sort.)
Germon!

GERMON.

Monsieur.

LE COMTE.

Un mot; qu'il te souvienne,
Si par hasard, quand tu la conduiras,
Certain Hombert venait suivre ses pas,
De le chasser de la belle manière.

GERMON.

Oui, poliment à grands coups d'étrivière :
Comptez sur moi; je sers fidèlement.
Le jeune Hombert, dites-vous?

LE COMTE.

Justement.

GERMON.

Bon ! je n'ai pas l'honneur de le connaître ;
Mais le premier que je verrai paraître
Sera rossé de la bonne façon ;
Et puis après il me dira son nom.

(il fait un pas et revient.)

Ce jeune Hombert est quelque amant, je gage,
Un beau garçon, le coq de son village.
Laissez-moi faire.

LE COMTE.

Obéis promptement.

GERMON.

Je me doutais qu'elle avait quelque amant
Et Blaise aussi lui tient au cœur peut-être.
On aime mieux son égal que son maître.

LE COMTE.

Ah ! cours, te dis-je.

SCÈNE III.

LE COMTE.

HÉLAS ! il a raison ;
Il prononçait ma condamnation ;
Et moi, du coup qui m'a pénétré l'ame
Je me punis ; la baronne est ma femme :
Il le faut bien, le sort en est jeté.
Je souffrirai, je l'ai bien mérité.
Ce mariage est au moins convenable.
Notre baronne a l'humeur peu traitable ;
Mais, quand on veut, on sait donner la loi.
Un esprit ferme est le maître chez soi.

SCÈNE IV.

LE COMTE, LA BARONNE, LA MARQUISE.

LA MARQUISE.

Or çà, mon fils, vous épousez madame ?

LE COMTE.

Eh ! oui.

LA MARQUISE.

 Ce soir elle est donc votre femme ?
Elle est ma bru ?

LA BARONNE.

  Si vous le trouvez bon :
J'aurai, je crois, votre approbation.

LA MARQUISE.

Allons, allons, il faut bien y souscrire ;
Mais dès demain chez moi je me retire.

LE COMTE.

Vous retirer ! eh ! ma mère, pourquoi ?

LA MARQUISE.

J'emmènerai ma Nanine avec moi.
Vous la chassez, et moi je la marie ;
Je fais la noce en mon château de Brie ;
Et je la donne au jeune sénéchal,
Propre neveu du procureur fiscal,
Jean Roc Souci ; c'est lui de qui le père
Eut à Corbeil cette plaisante affaire.
De cet enfant je ne puis me passer ;
C'est un bijou que je veux enchâsser.
Je vais la marier.... Adieu.

LE COMTE.

   Ma mère,
Ne soyez pas contre nous en colère ;

Laissez Nanine aller dans le couvent;
Ne changez rien à notre arrangement.

LA BARONNE.

Oui, croyez-vous, madame, une famille
Ne se doit point charger de telle fille,

LA MARQUISE.

Comment? quoi donc?

LA BARONNE.

Peu de chose.

LA MARQUISE.

Mais....

LA BARONNE.

Rien.

LA MARQUISE.

Rien, c'est beaucoup. J'entends, j'entends fort bien.
Aurait-elle en quelque tendre folie?
Cela se peut, car elle est si jolie!
Je m'y connais; on tente, on est tenté:
Le cœur a bien de la fragilité;
Les filles sont toujours un peu coquettes:
Le mal n'est pas si grand que vous le faites.
Çà, contez-moi sans nul déguisement
Tout ce qu'a fait notre charmante enfant.

LE COMTE.

Moi, vous conter?

LA MARQUISE.

Vous avez bien la mine
D'avoir au fond quelque goût pour Nanine;
Et vous pourriez....

SCÈNE V.

LE COMTE, LA MARQUISE, LA BARONNE,
MARIN, *en bottes.*

MARIN.

Enfin tout est bâclé ;
Tout est fini.

LA MARQUISE.

Quoi ?

LA BARONNE.

Qu'est-ce ?

MARIN.

J'ai parlé
A nos marchands ; j'ai bien fait mon message ;
Et vous aurez demain tout l'équipage.

LA BARONNE.

Quel équipage ?

MARIN.

Oui, tout ce que pour vous
A commandé votre futur époux ;
Six beaux chevaux : et vous serez contente
De la berline ; elle est bonne et brillante ;
Tous les panneaux par Martin sont vernis :
Les diamants sont beaux, très bien choisis ;
Et vous verrez des étoffes nouvelles
D'un goût charmant…. oh ! rien n'approche d'elles.

LA BARONNE, *au Comte.*

Vous avez donc commandé tout cela ?

LE COMTE, *à part.*

Oui,… mais pour qui ?

MARIN.

Le tout arrivera

Demain matin dans ce nouveau carrosse,
Et sera prêt le soir pour votre noce.
Vive Paris pour avoir sur-le-champ
Tout ce qu'on veut, quand on a de l'argent !
En revenant, j'ai revu le notaire,
Tout près d'ici, griffonnant votre affaire.

LA BARONNE.

Ce mariage a traîné bien long-temps.

LA MARQUISE, *à part.*

Ah ! je voudrais qu'il traînât quarante ans.

MARIN.

Dans ce salon j'ai trouvé tout-à-l'heure
Un bon vieillard, qui gémit et qui pleure ;
Depuis long-temps il voudrait vous parler.

LA BARONNE.

Quel importun ! qu'on le fasse en aller ;
Il prend trop mal son temps.

LA MARQUISE.

Pourquoi, madame ?

Mon fils, ayez un peu de bonté d'ame,
Et, croyez-moi, c'est un mal des plus grands
De rebuter ainsi les pauvres gens :
Je vous ai dit cent fois dans votre enfance
Qu'il faut pour eux avoir de l'indulgence,
Les écouter d'un air affable et doux.
Ne sont-ils pas hommes tout comme nous ?
On ne sait pas à qui l'on fait injure ;
On se repent d'avoir eu l'ame dure.
Les orgueilleux ne prospèrent jamais.

(à Marin.)

Allez chercher ce bon-homme.

ARIN,

J'y vais.

(il sort.)

LE COMTÉ.

Pardon, ma mère ; il a fallu vous rendre
Mes premiers soins ; et je suis prêt d'entendre
Cet homme-là malgré mon embarras.

SCÈNE VI.

LE COMTE, LA MARQUISE, LA BARONNE, LE PAYSAN.

LA MARQUISE, *au paysan.*

APPROCHEZ-VOUS, parlez, ne tremblez pas.

LE PAYSAN.

Ah ! monseigneur ! écoutez-moi de grâce :
Je suis.... Je tombe à vos pieds, que j'embrasse ;
Je viens vous rendre....

LE COMTE.

Ami, relevez-vous ;
Je ne veux point qu'on me parle à genoux ;
D'un tel orgueil je suis trop incapable.
Vous avez l'air d'être un homme estimable.
Dans ma maison cherchez-vous de l'emploi ?
A qui parlé-je ?

LA MARQUISE.

Allons, rassure-toi.

LE PAYSAN.

Je suis, hélas ! le père de Nanine.

LE COMTE.

Vous?

LA BARONNE.

Ta fille est une grande coquine.

LE PAYSAN.

Ah! monseigneur, voilà ce que j'ai craint;
Voilà le coup dont mon cœur est atteint :
J'ai bien pensé qu'une somme si forte
N'appartient pas à des gens de sa sorte;
Et les petits perdent bientôt leurs mœurs,
Et sont gâtés auprès des grands seigneurs.

LA BARONNE.

Il a raison : mais il trompe, et Nanine
N'est point sa fille; elle était orpheline.

LE PAYSAN.

Il est trop vrai : chez de pauvres parents
Je la laissai dès ses plus jeunes ans;
Ayant perdu mon bien avec sa mère,
J'allai servir, forcé par la misère,
Ne voulant pas, dans mon funeste état,
Qu'elle passât pour fille d'un soldat,
Lui défendant de me nommer son père.

LA MARQUISE.

Pourquoi cela? pour moi, je considère
Les bons soldats; on a grand besoin d'eux

LE COMTE.

Qu'a ce métier, s'il vous plaît, de honteux?

LE PAYSAN.

Il est bien moins honoré qu'honorable.

LE COMTE.

Ce préjugé fut toujours condamnable.
J'estime plus un vertueux soldat.

Qui de son sang sert son prince et l'état,
Qu'un important, que sa lâche industrie
Engraisse en paix du sang de la patrie.

LA MARQUISE.

Çà, vous avez vu beaucoup de combats;
Contez-les-moi bien tous, n'y manquez pas.

LE PAYSAN.

Dans la douleur, hélas! qui me déchire,
Permettez-moi seulement de vous dire
Qu'on me promit cent fois de m'avancer:
Mais sans appui comment peut-on percer?
Toujours jeté dans la foule commune,
Mais distingué, l'honneur fut ma fortune.

LA MARQUISE.

Vous êtes donc né de condition?

LA BARONNE.

Fi! quelle idée!

LE PAYSAN, à la Marquise.

Hélas! madame, non;
Mais je suis né d'une honnête famille:
Je méritais peut-être une autre fille.

LA MARQUISE.

Que vouliez-vous de mieux?

LE COMTE.

Eh! poursuivez.

LA MARQUISE.

Mieux que Nanine?

LE COMTE.

Ah! de grâce, achevez.

LE PAYSAN.

J'appris qu'ici ma fille fut nourrie,
Qu'elle y vivait bien traitée et chérie.

Heureux alors, et bénissant le ciel,
Vous, vos bontés, votre soin paternel,
Je suis venu dans le prochain village,
Mais plein de trouble et craignant son jeune âge,
Tremblant encor, lorsque j'ai tout perdu,
De retrouver le bien qui m'est rendu.

(montrant la Baronne.)

Je viens d'entendre, au discours de madame,
Que j'eus raison : elle m'a percé l'ame ;
Je vois fort bien que ces cent louis d'or,
Des diamants, sont un trop grand trésor,
Pour les tenir par un droit légitime ;
Elle ne peut les avoir eus sans crime.
Ce seul soupçon me fait frémir d'horreur,
Et j'en mourrai de honte et de douleur.
Je suis venu soudain pour vous les rendre :
Ils sont à vous ; vous devez les reprendre :
Et si ma fille est criminelle, hélas !
Punissez-moi, mais ne la perdez pas.

LA MARQUISE.

Ah, mon cher fils ! je suis tout attendrie.

LA BARONNE.

Omais, est-ce un songe ? est-ce une fourberie ?

LE COMTE.

Ah ! qu'ai-je fait ?

LE PAYSAN.

(il tire la bourse et le paquet.
Tenez, monsieur, tenez.

LE COMTE.

Moi, les reprendre ! ils ont été donnés ;
Elle en a fait un respectable usage.

C'est donc à vous qu'on a fait le message ?
Qui l'a porté ?

LE PAYSAN.

C'est votre jardinier,
A qui Nanine osa se confier.

LE COMTE.

Quoi ! c'est à vous que le présent s'adresse ?

LE PAYSAN.

Oui, je l'avoue.

LE COMTE.

O douleur ! ô tendresse !
Des deux côtés quel excès de vertu !
Et votre nom ? Je demeure éperdu.

LA MARQUISE.

Eh ! dites donc votre nom ? Quel mystère !

LE PAYSAN.

Philippe Hombert de Gatine.

LE COMTE.

Ah ! mon père !

LA BARONNE.

Que dit-il là ?

LE COMTE.

Quel jour vient m'éclairer !
J'ai fait un crime ; il le faut réparer.
Si vous saviez combien je suis coupable !
J'ai maltraité la vertu respectable.
(il va lui-même à un de ses gens.)
Holà, courez.

LA BARONNE.

Eh, quel empressement ?

LE COMTE.

Vite un carrosse.

LA MARQUISE.

      Oui, madame, à l'instant :
Vous devriez être sa protectrice.
Quand on a fait une telle injustice,
Sachez de moi que l'on ne doit rougir
Que de ne pas assez se repentir.
Monsieur mon fils a souvent des lubies,
Que l'on prendrait pour de franches folies :
Mais dans le fond c'est un cœur généreux ;
Il est né bon ; j'en fais ce que je veux.
Vous n'êtes pas, ma bru, si bienfaisante ;
Il s'en faut bien.

LA BARONNE.

      Que tout m'impatiente !
Qu'il a l'air sombre, embarrassé, rêveur !
Quel sentiment étrange est dans son cœur ?
Voyez, monsieur, ce que vous voulez faire.

LA MARQUISE.

Oui, pour Nanine.

LA BARONNE.

      On peut la satisfaire
Par des présents.

LA MARQUISE.

      C'est le moindre devoir.

LA BARONNE.

Mais moi, jamais je ne veux la revoir ;
Que du château jamais elle n'approche ;
Entendez-vous ?

LE COMTE.

J'entends.

LA MARQUISE.

      Quel cœur de roche !

LA BARONNE.

De mes soupçons évitez les éclats.
Vous hésitez ?

LE COMTE, *après un silence.*
Non, je n'hésite pas.

LA BARONNE.

Je dois m'attendre à cette déférence ;
Vous la devez à tous les deux, je pense.

LA MARQUISE.

Seriez-vous bien assez cruel, mon fils ?

LA BARONNE.

Quel parti prendrez-vous ?

LE COMTE.

Il est tout pris.
Vous connaissez mon ame et sa franchise :
Il faut parler. Ma main vous fut promise ;
Mais nous n'avions voulu former ces nœuds
Que pour finir un procès dangereux :
Je le termine ; et, dès l'instant, je donne,
Sans nul regret, sans détour j'abandonne
Mes droits entiers, et les prétentions
Dont il naquit tant de divisions :
Que l'intérêt encor vous en revienne :
Tout est à vous ; jouissez-en sans peine.
Que la raison fasse du moins de nous
Deux bons parents, ne pouvant être époux.
Oublions tout ; que rien ne nous aigrisse :
Pour n'aimer pas, faut-il qu'on se haïsse ?

LA BARONNE.

Je m'attendais à ton manque de foi.
Va, je renonce à tes présents, à toi,

NANINE.

Traître ! je vois avec qui tu vas vivre,
A quel mépris ta passion te livre.
Sers noblement sous les plus viles lois ;
Je t'abandonne à ton indigne choix.

(elle sort.)

SCÈNE VII.

LE COMTE, LA MARQUISE, PHILIPPE HOMBERT.

LE COMTE.

Non, il n'est point indigne ; non, madame,
Un fol amour n'aveugla point mon ame :
Cette vertu, qu'il faut récompenser,
Doit m'attendrir, et ne peut m'abaisser.
Dans ce vieillard ce qu'on nomme bassesse
Fait son mérite et voilà sa noblesse.
La mienne à moi, c'est d'en payer le prix.
C'est pour des cœurs par eux-même ennoblis,
Et distingués par ce grand caractère,
Qu'il faut passer sur la règle ordinaire :
Et leur naissance, avec tant de vertus,
Dans ma maison n'est qu'un titre de plus.

LA MARQUISE.

Quoi donc ? quel titre ? et que voulez-vous dire ?

SCÈNE VIII.

LE COMTE, LA MARQUISE, NANINE, PHILIPPE HOMBERT.

LE COMTE, à sa mère.

Son seul aspect devrait vous en instruire.

LA MARQUISE

Embrasse-moi cent fois, ma chère enfant.

Elle est vêtue un peu mesquinement ;
Mais qu'elle est belle ! et comme elle a l'air sage !

NANINE

(*courant entre les bras de Philippe Hombert, après*
s'être baissée devant la Marquise.)

Ah ! la nature a mon premier hommage.
Mon père !

PHILIPPE HOMBERT.

O ciel ! ô ma fille ! ah , monsieur !
Vous réparez quarante ans de malheur.

LE COMTE.

Oui ; mais comment faut-il que je répare
L'indigne affront qu'un mérite si rare
Dans ma maison put de moi recevoir ?
Sous quel habit revient-elle nous voir !
Il est trop vil ; mais elle le décore.
Non, il n'est rien que sa vertu n'honore.
Eh bien ! parlez : auriez-vous la bonté
De pardonner à tant de dureté ?

NANINE.

Que me demandez-vous ? Ah ! je m'étonne
Que vous doutiez si mon cœur vous pardonne.
Je n'ai pas cru que vous puissiez jamais
Avoir eu tort après tant de bienfaits.

LE COMTE.

Si vous avez oublié cet outrage,
Donnez-m'en donc le plus sûr témoignage :
Je ne veux plus commander qu'une fois ;
Mais jurez-moi d'obéir à mes lois.

PHILIPPE HOMBERT.

Elle le doit, et sa reconnaissance....

14

NANINE.

NANINE, *à son père.*

Il est bien sûr de mon obéissance.

LE COMTE.

J'ose y compter. Oui, je vous avertis
Que vos devoirs ne sont pas tous remplis.
Je vous ai vue aux genoux de ma mère ;
Je vous ai vue embrasser votre père ;
Ce qui vous reste en des moments si doux...
C'est.... à leurs yeux.... d'embrasser.... votre époux.

NANINE.

Moi !

LA MARQUISE.

Quelle idée ! Est-il bien vrai ?

PHILIPPE HOMBERT.

Ma fille !

LE COMTE, *à sa mère.*

Le daignez-vous permettre ?

LA MARQUISE.

La famille
Étrangement, mon fils, clabaudera.

LE COMTE.

En la voyant, elle l'approuvera.

PHILIPPE HOMBERT.

Quel coup du sort ! Non, je ne puis comprendre
Que jusque-là vous prétendiez descendre.

LE COMTE.

On m'a promis d'obéir.... je le veux.

LA MARQUISE.

Mon fils...

LE COMTE.

Ma mère, il s'agit d'être heureux.
L'intérêt seul a fait cent mariages.

Nous avons vu les hommes les plus sages
Ne consulter que les mœurs et le bien :
Elle a les mœurs, il ne lui manque rien ;
Et je ferai par goût et par justice
Ce qu'on a fait cent fois par avarice.
Ma mère, enfin, terminez ces combats,
Et consentez.

NANINE.

Non, n'y consentez pas ;
Opposez-vous à sa flamme.... à la mienne ;
Voilà de vous ce qu'il faut que j'obtienne.
L'amour l'aveugle ; il le faut éclairer.
Ah ! loin de lui, laissez-moi l'adorer.
Voyez mon sort, voyez ce qu'est mon père :
Puis-je jamais vous appeler ma mère ?

LA MARQUISE.

Oui, tu le peux, tu le dois ; c'en est fait :
Je ne tiens pas contre ce dernier trait ;
Il nous dit trop combien il faut qu'on t'aime ;
Il est unique aussi bien que toi-même.

NANINE.

J'obéis donc à votre ordre, à l'amour ;
Mon cœur ne peut résister.

LA MARQUISE.

Que ce jour
Soit des vertus la digne récompense,
Mais sans tirer jamais à conséquence.

FIN DE NANINE.

A MADAME,

FEMME DU RÉGENT.

ADAME,

Si l'usage de dédier ses ouvrages à ceux
ii en jugent le mieux n'était pas établi, il
mmencerait par votre altesse royale. La
otection éclairée dont vous honorez les
iccès ou les efforts des auteurs met en droit
ux même qui réussissent le moins d'oser
ettre sous votre nom des ouvrages qu'ils
e composent que dans le dessein de vous
laire. Pour moi, dont le zèle tient lieu de
iérite auprès de vous, souffrez que je prenne
i liberté de vous offrir les faibles essais de
ia plume. Heureux si, encouragé par vos
ontés, je puis travailler long-temps pour

votre altesse royale, dont la conservation n'est pas moins précieuse à ceux qui cultivent les beaux arts, qu'à toute la France, dont elle est les délices et l'exemple

Je suis avec un profond respect

MADAME,

De votre altesse royale,

le très humble et très obéissant serviteur,

AROUET DE VOLTAIRE

TABLE
DES MATIÈRES.

—◆—

FIN DE LA TABLE DU QUATRIÈME VOLUME.

LIMOGES ET ISLE,
IMP. MARTIAL ARDANT FRÈRES.

EN VENTE :

CHEZ LES MÊMES ÉDITEURS.

CHEFS-D'OEUVRE de VOLTAIRE, 5 vol. in-18,
——— de RACINE, 6 vol. in-18.
——— de P. et T. CORNEILLE, 5 v. in-18.
——— de RÉGNARD, 5 vol. in-18.
——— de MOLIÈRE, 8 vol. in-18.
——— de CRÉBILLON, 4 vol. in-18.

www.ingramcontent.com/pod-product-compliance
Lightning Source LLC
Chambersburg PA
CBHW070453030726
47503CB00004B/1019

* 9 7 8 2 0 1 3 6 6 1 6 6 9 *